中国古代北方民族交往交流交融丛书

参天可汗

——隋唐时代的文化交流

吕富华

著

内蒙古人民出版社

图书在版编目（CIP）数据

参天可汗：隋唐时代的文化交流 / 吕富华著．-- 呼和浩特：
内蒙古人民出版社，2025.1
　（中国古代北方民族交往交流交融丛书）
　ISBN 978-7-204-17108-8

　Ⅰ．①参… Ⅱ．①吕… Ⅲ．①古代民族－文化交流－研究－
华北地区－隋唐时代 Ⅳ．① K289

中国版本图书馆 CIP 数据核字（2022）第 008620 号

参天可汗——隋唐时代的文化交流

作　　者	吕富华	
策划编辑	王　静	
责任编辑	党　蒙	
封面设计	刘那日苏	
出版发行	内蒙古人民出版社	
地　　址	呼和浩特市新城区中山东路 8 号波士名人国际 B 座 5 楼	
网　　址	http：//www.impph.cn	
印　　刷	内蒙古恩科赛美好印刷有限公司	
开　　本	710mm×1000mm　1/16	
印　　张	8	
字　　数	105 千	
版　　次	2025 年 1 月第 1 版	
印　　次	2025 年 1 月第 1 次印刷	
书　　号	ISBN 978-7-204-17108-8	
定　　价	52.00 元	

如发现印装质量问题，请与我社联系。

联系电话：（0471）3946120

编 委 会

总　序

　　各民族交往交流交融是中华民族团结统一的重要基础。在漫长的历史发展过程中，各民族血脉交融，逐步形成牢不可破的中华民族共同体，彰显出中华民族共融共通的价值取向。习近平总书记强调："我们伟大的祖国，幅员辽阔，文明悠久。一部中国史，就是一部各民族交融汇聚成多元一体中华民族的历史，就是各民族共同缔造、发展、巩固统一的伟大祖国的历史。"对中国古代各民族交流互融的探讨，有助于深入阐释习近平总书记重要讲话精神，深化对铸牢中华民族共同体意识学理内涵、现实意义的理解。中国古代北方民族交往交流交融系列丛书就是践行深入理解铸牢中华民族共同体意识的读物。

　　中国古代北方民族交往交流交融系列丛书主要面向广大普通读者，共有五个专题，分别为《多元一体——先秦时代的文化交流》《胡汉交融——汉魏时代的文化交流》《参天可汗——隋唐时代的文化交流》《华夷同风——辽金时代的文化交流》《长城内外——明清时代的文化交流》，均以中国古代北方民族交往交流交融的历史为主线，以中华文明发展历程、中华民族多元一体格局形成为核心，以典型的文物、文化遗址或代表性人物、事件等为主题，以点带面，详细记述了中国古代北方民族在发展历程中与中原交流互动的历史，力求生动呈现中国古代北方民族交往交流交融的史实，展现中华文明延续不断的历史基因、中华民族凝聚不散的历史密码和中华民族大团结的深邃思想与丰富实践。

编写该丛书，旨在帮助读者了解中国古代北方民族交往交流交融的历史发展脉络，认识中国古代北方民族的历史是中华民族发展史的重要组成部分，在构建中华民族多元一体格局中发挥了重要作用。

前　言

　　《唐会要》中记载："（贞观）二十一年（647 年）正月九日，以铁勒回纥等十三部内附，置六都督府、七州，并各以其酋帅为都督刺史，给元金鱼，黄金为字，以为符信。于是回纥等请于回纥以南，突厥以北，置邮驿，总六十六所，以通北荒，号为参天可汗道，俾通贡焉。"这条应回鹘所请而开通的自草原通往唐朝都城长安的交通路线，在《新唐书》中也称之为"参天至尊道"，《资治通鉴》中也有诸酋长奏请开"参天可汗道"，并许诺在沿路驿所置马及酒肉以供过使的记载。据严耕望《唐代交通图考·长安西北通灵州驿道及灵州四达交通线》可知，这条绵亘千里的通道，由长安出发至灵州，从灵州往北渡河，过贺兰山北闾乞伏山至西受降城，西受降城自西北出高阙经碛口鹈鹕泉至回鹘牙帐。事实上，这条"参天可汗道"从长安出发深入草原，直接勾连了漠北草原上活跃的诸游牧部落与唐朝的交通往来，辐射范围十分广阔。

　　由此可见，这条起自唐都长安直通大漠的"参天可汗道"，作为漠北诸部聘使朝贡的通道，成为密切草原部族与唐朝经济、文化联系的重要纽带。不可否认的是，"参天可汗道"的开通不仅仅是铁勒、回鹘等部族感怀唐太宗"天可汗"威望，更是北方草原地区与中原经济文化交流进一步密切的结果。

北方草原地区自新石器时代开始就是南北区域文化交流融汇之地。20世纪初，在内蒙古自治区赤峰市北部阿鲁科尔沁旗境内的红山文化遗址中，出土了一件属于红山文化晚期（距今约5000年）的大型细泥红陶彩绘平底筒形罐，其器体造型鲜明体现出史前东北地区土著文化的传统，但器表却绘有源自中亚大陆的菱形方格纹，还有来自黄河中游地区的玫瑰花纹和西辽河地区本土的龙纹等三种图案。据苏秉琦先生研究认为，这就是欧亚大陆汇合点迸出的火花，意味着五六千年以前亚洲东西和中国南北几种生命力旺盛的古文化在辽西地区的交流汇聚，红山文化是多种文化交错、多种文化融合的产物[1]，"古北方文化"在"中华古文化"形成发展过程中所起到的作用不能低估。

两汉时期，强大的匈奴成为北方草原的霸主，虽然汉匈之间时有战争，但是双方的互动交流仍是主流。汉朝每年向匈奴输出大量的粮食、丝绸、钱币以及其他生产生活用品，而匈奴的马匹、皮毛等也大量输入内地。此外，自汉匈和亲以来，随同汉朝和亲公主进入草原地区的人口还包括大量的汉人随侍和各类工匠，这些中原汉人为草原地区的居民带来了农耕文明先进的生产模式和技术，在一定程度上促进了草原地区传统生产生活的改变，也进一步密切了草原诸游牧民族与中原政权之间的交往交流。拓跋鲜卑建立北魏并统一北方后，草原地带南北各民族之间政治上的隔阂被初步消除，各民族之间的经济、文化发展也在某种程度上被纳入一个共同的发展轨道之中。此后，

1　苏秉琦：《华人·龙的传人·中国人——考古寻根记》，辽宁大学出版社，1994，第131页。

北方草原游牧民族长期与中原政权保持朝贡、互市，经济、文化交流互动频繁。隋唐时期，这种经济、文化的密切交流又在各种因素的影响下得到进一步加强。

《新唐书·地理志》中记载："自太宗平突厥，西北诸蕃及蛮夷稍稍内属，即其部落列置州县。其大者为都督府，以其首领为都督、刺史，皆得世袭。虽贡赋版籍，多不上户部，然声教所暨，皆边州都督、都护所领，著于令式。"[1] 即是说，唐初以来，对于归附唐朝的周边诸民族，唐朝中央政府主要采取了设置州县的统治政策。根据其部族规模，规模较大的设置都督府，仍任命其原部落联盟长、部族首领为都督、刺史等官职，拥有世袭的权力，即羁縻府州制度。事实上，这种羁縻制度是中原王朝统治周边少数民族的传统政策，早在先秦时期，国家治理中就已经存在对周边少数民族"因俗而治"的理念。如《礼记·王制》中即倡导对周边四夷采取"修其教不易其俗，齐其政不易其宜"的统治模式。秦汉以后历代王朝基本沿袭了这一统治理念，在周边民族地区采取任命当地部落首领为州刺史、郡太守和县令等，并由中央政府派遣官员进行监理。

唐朝国力强盛，王朝气度斐然，唐初中央政府在处置周边归附的少数民族时，采取了设置羁縻府州的办法，而羁縻府州制度实际上就是唐朝在历代王朝管理方式基础上的进一步发展。很多学者认为，由于李唐皇室具有胡人血统，因此实行的民族政策更能呈现出不同以往的恢宏博大气象。正如唐太宗李世民所表述的"自古皆贵中华，贱夷狄，朕独爱之如一，故其种落皆依朕如父

---

1 《新唐书》卷 43 下《地理志七下·羁縻州》，中华书局，1975，第 1119 页。

母。"[1]这种华夷如一的民族观，是唐朝政治和文化高度自信的表现。因此，唐朝时期朝野上下对于周边少数民族都有"国朝一家天下，华夷如一"的普遍认知。正是基于此种民族观念，唐朝时期形成了抚纳、羁縻的民族政策，唐太宗也由此被周边少数民族尊称为"天可汗"，进一步壮大了恢宏的盛唐气象。

唐朝设置羁縻府州统治归附少数民族开始于贞观年间。据《旧唐书》记载，贞观四年（630年）春三月庚辰，"大同道行军副总管张宝相生擒（突厥）颉利可汗，献于京师。"唐太宗时出兵平定东突厥，遂将归降的数十万突厥部众"于朔方之地，自幽州至灵州，置顺、佑、化、长四州都督府。又分颉利（东突厥可汗）之地六州，左置定襄都督府，右置云中都督府，以统其部众。"贞观二十年（646年），唐灭薛延陀（中国北方古代民族，原为铁勒诸部之一，隋唐之际受突厥役使），统一了大漠南北。此后，唐太宗采取了设六府七州安置内附的铁勒诸姓部落的方式，并赐予诸部首领"元金鱼，黄金为字，以为符信"。内附少数民族通过这种羁縻机构保持与唐朝中央政府的隶属关系，承担向皇帝朝贡、听从中央政令的义务，但其部族户籍不入唐朝编户，也不用向中央户部缴纳赋税。虽然内附部落的长官名义上需要由朝廷册立，但各部族都可以按部族传统来处理其族内事务，所谓"全其部落，顺其土俗"。这种既保持隶属关系，又尊重少数民族生活方式、习俗文化的管理方式，赢得了诸少数民族的欢迎，吸引周边少数民族不断内附，羁縻府州遂成为唐朝处理内附少数民族事务的重要举措。

正是在这样的背景之下，有草原诸部酋长奏请："臣等既

1　《资治通鉴》卷198，中华书局，1956，第6247页。

为唐民，往来天至尊所，如诣父母，请于回纥以南，突厥以北开一道，谓之参天可汗道，置六十八驿，各有马及酒肉以供过使，岁贡貂皮以充租赋。"[1] 以此来表达对唐太宗的崇敬、对唐朝政权的衷心以及密切与唐朝经济、文化交往交流交融的愿望。

1　《资治通鉴》卷 198，中华书局，1956，第 6245 页。

前
言

目录 CONTENTS

上编　拂云堆下望长安
——隋唐时期的突厥

　　隋唐时期，活跃于北方草原地带的民族众多，以突厥、契丹、回鹘为代表的北方各民族与中原地区之间经济、文化往来密切，促进了农耕文明与游牧文明的相互交流与融合，在一定程度上对边疆地区的社会发展起到了积极的推动作用。这些民族虽然在隋唐的政治舞台上扮演着不同角色，但在推动中华民族多元一体化格局的形成中，发挥了不可忽视的作用，处于不可或缺的重要地位。

　　突厥兴起于隋唐时期的北部边疆地区，是当时的主要民族之一。根据史料记载："其俗畜牧为事，随逐水草，不恒厥处。穹庐毡帐，被发左衽，食肉饮酪，身衣裘褐，贱老贵壮……善骑射，性残忍。无文字，刻木为契……敬鬼神，信巫觋，重兵死而耻病终，大抵与匈奴同俗。"我国古代文献大多将突厥与匈奴相关联，但突厥人认为自己属于铁勒族，如《毗伽可汗碑》中记载："九姓乌护，吾之同族也。"这里的"九姓乌护"指的就是九姓铁勒。

一、拂云堆与三受降城

拂云堆位于今内蒙古自治区包头市西北。唐朝时期，朔方军北面与突厥以黄河为界，黄河北岸有拂云堆神祠，突厥一旦用兵，必先往祠祭酹求福，然后才渡过黄河。张仁愿平定漠北，于黄河北修筑中、东、西三受降城以固守。中受降城即在拂云堆，故拂云堆又为中受降城的别称。对于突厥人来说，拂云堆是突厥部族的神山，他们要在此立祠并杀马祭酹，对其顶礼膜拜；而对于唐王朝来说，拂云堆则是一座天然的防护屏障，要重兵驻守、严加守卫。如果换一种角度来看，拂云堆也可以看作是突厥部族与中原地区各民族友好往来的主要通道。

受降城的称谓并非始自唐代，早在汉代，史籍中已有记载。汉武帝时期，西汉和匈奴在河套地区发生多次交战，为迎接投降的匈奴贵族，太初元年（前104年），汉武帝派遣因杅将军公孙敖修筑受降城。从此，受降城成为中原王朝处理民族关系的专有名词。

三受降城是东受降城、中受降城、西受降城的统称，位于河套平原。河套平原沃野千里，水草丰美，宜牧宜农，有"三秦之掖，两河之唇"[1]的美誉，地理位置非常重要，是中原王朝与北方少数民族政权的必争之地。因此，历代中原统治者对河套地区的治理都极为重视。三受降城的修筑正是东突厥势力崛起并不断南下的结果。

唐朝与突厥的关系极不稳定，时好时坏。唐初，突厥势力强盛，足以与唐朝抗衡；武则天时期突厥兵强马壮，默啜可汗率兵屡寇

---

1 《秦边纪略》卷5《宁夏边堡》，青海人民出版社，2016，第288页。

边城，危害颇甚。唐中宗神龙三年（707年），默啜可汗再次发兵侵扰灵州鸣沙县，朔方军总管沙吒忠义率领军队迎战，结果大败于突厥，官军6000余人战死。默啜可汗乘势进入原州、会州等地，掠夺陇右群牧的一万多匹马后离去。沙吒忠义因此被罢免，由左屯卫大将军张仁愿代行其职。朔方军原本与突厥以黄河为界，趁突厥主力向西转移之际，张仁愿大胆提出在黄河北岸原突厥辖地修建三座城池以防御突厥南下。张仁愿的主张遭到了太子少师唐休璟的强烈反对，经过再三争取，唐中宗准许了张仁愿的请求。经过两个月的紧张修筑，三受降城建成。据《资治通鉴》所载，中受降城位于黄河北岸，南距朔方1300余里；东受降城位于胜州东北200里，西南距朔方1600余里；西受降城位于唐代丰州城北黄河外80里，东南距朔方千余里。三受降城位于地势险要的交通咽喉之地，对唐朝抵御突厥进攻、维护北部边疆稳定起到了重要作用，对唐代北部边疆的民族关系产生了深远影响。

三受降城建成后不久，唐朝就决定北伐后突厥汗国，三座受降城自然成为北伐前哨阵地，三受降城及其附近兵力由此成为北伐的重要力量。景龙四年（710年），唐中宗下诏北伐，此次北伐由朔方大总管张仁愿亲自坐镇指挥，新修建不久的三受降城成为此次行军的出发地、前沿哨所和指挥中枢。但由于唐朝内部的权力斗争，此次北伐最终没有出发便夭折了。此后，唐朝又先后发动了两次北伐，三受降城均在其中起到重要作用。

三受降城所在的河套地区是历史上多民族活动的重点区域之一，突厥、铁勒、回纥、党项、吐谷浑等民族都在此地活动过。唐朝对这些游牧民族的羁縻统治实行双轨制：一方面分而治之，以其所领部落设置州县，设立都督府，任命其首领为都督、刺史，府州县官职可以世袭；另一方面，又令"诸道军城，例管夷落"[1]，从而达到"使其权弱势分，易为羁制，可使常为藩臣，永保边塞"[2]的目的。三受降城在唐朝维护北部边疆稳定中的作用不可替代。

西受降城是唐朝与后突厥汗国互市马匹的重要场所。史书记载，突厥马技艺绝伦，筋骨精悍，比例匀称，长于远征。因此，唐玄宗允许朔方军在西受降城开展互市，用金帛购买突厥马匹，并在河东、朔方、陇右等地饲养。唐朝的马匹与突厥马匹杂交后，所产马匹更加强壮。据《旧唐书·突厥传》记载，开元十五年（727年），毗伽可汗派遣使者梅录啜入唐献书，并献名马三十匹，唐玄宗为嘉奖毗伽可汗的诚意，在紫宸殿设宴款待梅录啜，厚加赏赉，重申仍许突厥与唐朝在西受降城进行互市贸易。天宝以后，唐朝的马政趋于极盛。除突厥之外，坚昆、室韦等民族也通过西受降城向唐朝进献马匹。唐朝与后突厥汗国的互市贸易是一种互惠互利的行为，唐朝在互市中得到突厥的优质战马，壮大了唐朝的军事力量；突厥则在互市中获得了所需要的绢帛等生活用品，对双方产生的积极影响是不言而喻的。

此外，三受降城也是唐朝与北方诸民族往来的重要通道。史载"中受降城正北如东八十里，有呼延谷，谷南口有呼延栅，谷北口有归唐栅，车道也，入回鹘使所经。"[3]《新唐书·回鹘下》亦记载："阿热牙至回鹘牙所，橐它四十日行。使者道出天德（军）右二百里许抵西受降城，北三百里许至鹈鹕泉，泉西北至回鹘牙

1　《册府元龟》卷992《外部臣·备御五》，中华书局，1960，第11652页。
2　《资治通鉴》卷193《唐纪九》，中华书局，1956，第6076页。
3　《新唐书》卷43下《地理七下·羁縻州》，中华书局，1975，第1146—1148页。

千五百里许，而有东、西二道，泉之北，东道也。"[1] 三受降城
对于保护交通要道畅通、行人安全起到了积极作用。

二、朝贡互市与联姻亲谊

（一）朝贡互市

突厥政权和中原王朝之间战争频繁，但双方的经济往来从未
断绝。自北朝开始，突厥人就用马、羊等畜牧产品与中原交换锦、
绢等生活用品。据史料记载，西魏大统八年（542 年），突厥部
落首领阿史那土门派人到中原边境进行互市。自此以后，突厥和
中原的西魏、北周、北齐政权及此后的隋唐两朝频繁进行贸易往
来。隋唐时期，中原和突厥之间的贸易主要有两种形式：一种是
朝贡与赏赐；另一种是边境互市。

据史书记载，隋开皇七年（587 年），突厥沙钵略可汗遣子
向隋文帝进献特产。同年，沙钵略可汗亡故，隋文帝派遣太常寺
卿前往吊祭，并赠奠仪杂帛五千段；都蓝可汗时期，每年都派遣
使臣向隋朝朝贡；开皇十一年（591 年）二月，突厥进贡"七宝碗"，
四月又进贡"于阗玉杖"。次年，东突厥向隋朝献上一万匹马、
两万只羊、五百头牛与路骑；启民可汗正式归附隋朝后，双方的
经济往来更加密切。大业三年（607 年）四月，隋炀帝巡幸榆林郡，
启民可汗与义成公主朝见，先后向隋朝献马三千匹。隋炀帝大悦，
遂赠物一万两千段。八月，隋炀帝北行，亲至启民可汗牙帐，赐
予启民可汗和义成公主金瓮各一，还赐予衣服、被褥、锦彩等生
活用品。特勤以下，都各有不同赏赐。以上史书记载表明，当时

1　《新唐书》卷 217 下《回鹘下》，中华书局，1975，第 6148 页。

突厥和中原王朝之间朝贡、赏赐十分频繁。

　　唐朝初年，突厥与唐朝发生多次战争，聘使朝贡也相对较少。武德初期，东突厥始毕可汗赠给唐朝名马数百匹，并派遣使者随襄武王李琛进贡方物；武德五年（622 年），突厥屡次侵扰，为缓和双方矛盾，唐高祖想要与东突厥颉利可汗和亲，颉利可汗大喜，态度更加恭敬，派遣使者随汉阳郡王李瓌向唐朝进献名马。唐太宗以后，突厥与唐朝之间聘使往来频繁，朝贡封赐络绎不绝。贞观元年（627 年），西突厥统叶护可汗派遣真珠统俟斤与高平王道立进献万钉宝钿金带，马五千匹；贞观二年

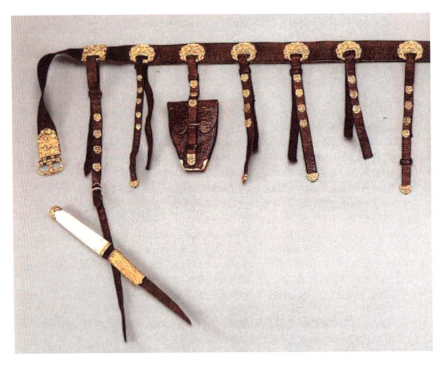

内蒙古地区出土的唐代突厥狩猎纹金蹀躞带[1]

　　1　参见张景明：《中国北方草原古代金银器》，文物出版社，2005，图七三。

（628年）十一月，颉利可汗派遣使者进贡马牛数万匹；长安三年（703年），默啜可汗遣使进献马千匹及地方特产，以此表达对唐朝应允和亲的答谢之意；武则天时期，娑葛派遣使者进贡马五千匹及地方特产。据《册府元龟》记载，开元二十二年（734年），突厥遣其大臣斯壁纡思来朝，赐紫衣、锦袍、绣半臂、金钿带、鱼袋七事，金银器六事。类似的记载很多，马匹和金银制品是突厥遣使向唐朝朝贡的主要物品，唐朝回赐以各类丝织品为大宗。

隋唐两朝与突厥的互市贸易也十分频繁。开皇八年（588年），突厥相继派遣使者进贡马万匹，羊二万口，驼、牛各五百头。不久后，突厥请求在边境设立市场与隋朝进行贸易，隋文帝同意了该请求；开皇十四年（594年），都蓝可汗也派遣使者请求与隋朝进行贸易。隋文帝做出肯定的答复，允许突厥与中原在边境互市。隋朝先后在幽州、马邑、太原等地设立互市市场，中原商人以瓷器、稻麦、缯帛等换取突厥商队的牛、马、羊、皮毛等产品。

武德二年（619年），唐朝首次与突厥进行互市。当时正值大乱之后，中州少马匹，都水监、新兴郡公赵文恪向突厥购买牛马以作国用。同年，颉利可汗遣使来朝，请求开放北楼关开展互市贸易。唐高宗李渊应允此请求，派遣官员在北楼关与颉利可汗进行互市；武德八年（625年）正月，"吐谷浑，突厥各请互市，诏皆许之。先是，中国丧乱，民乏耕牛，至是资于戎狄，杂畜被野"[1]，当然，武德时期的互市规模并不大，还不能够满足唐朝的需要。唐太宗时期，东突厥汗国归顺以后，唐朝与突厥的马匹互市规模急速扩张，正如唐玄宗所言："国家旧与突厥和好之时，

1　《资治通鉴》卷191《唐纪七》，中华书局，1956，第5994页。

蕃汉非常快活，甲兵休息，互市交通，国家买突厥马羊，突厥将国家彩帛，彼此丰足，皆有便宜。"[1]但到唐高宗、武则天时期，唐朝与突厥多次发生战争，关系变得极为紧张，贸易也受到了严重影响。一直到毗伽可汗即位，双方的关系才得到缓和，唐朝在西受降城设立互市场所，据《全唐文》记载，开元十五年（727年），毗伽可汗派大臣梅录啜入唐献名马三十匹，并献上吐蕃写给毗伽可汗邀约一起寇唐的书信，唐玄宗为嘉奖毗伽可汗的诚意，在紫宸殿设宴款待梅录啜并厚加赏赍，同时重申仍许突厥与唐在西受降城进行互市贸易，每年输送缣帛数十万匹到边境进行交易。

出土文献中也有唐朝与突厥互市的记载，如《唐开元十六年末庭州轮台县钱帛帐稿》中记载了唐朝支付突厥的马价。开元二十三年（735年），突厥违背旧例，交纳数倍的马匹，这引起了唐朝的不满，唐玄宗斥责突厥："以前毗伽可汗在位时，每年约定交易的马匹不过三四千，现在却交纳数倍的马匹。"因此，唐朝要求突厥按照先前的约定交纳马匹。唐朝与突厥在马匹互市中摩擦不断，双方各抒己见。突厥指责唐朝故意留滞、绢帛质量较差、退回突厥马匹数量过多等，针对突厥提出的这些问题，唐玄宗也分别给予答复，认为只是处罗达干未还，并非唐朝故意留滞；对于突厥提出绢帛质量较差的问题，唐玄宗也保证绢帛的品质比往年好；对于突厥提出退回的马匹数量过多的问题，唐玄宗答复道："进献的马匹有很多是老弱病患，并且体形偏小，不堪驾驭，怎么能全部留下呢？由于上述原因，我们才略减，十退一二，这对你们来说是很大的情分，你们又有什么理由嫌弃我们

1　《全唐文》卷40，中华书局，1983，第440页。

退的多呢？"唐太宗认为退回马匹是保证马匹品质的重要方法，而且只是十退一二，不存在退回马匹数量过多的问题。唐玄宗以敕突厥可汗书的形式，对于突厥提出的问题逐一答复，认为在马匹互市中，唐朝已经特别优待突厥，但突厥在马匹互市时没有遵循唐朝的礼仪，更是拿部分劣马以次充好，因此不能都留，如果留下这些劣马，会被诸蕃取笑。唐朝与突厥的马匹互市虽然时有摩擦发生，但总体来说并没有影响双方互市的进行。

（二）联姻亲谊

沙钵略可汗时期，其在东部和北部的统治并不稳固，向南的扩张亦屡屡失败。沙钵略可汗遂派遣使臣向隋朝示好，请求通婚。开皇四年（584年），沙钵略可汗的妻子、原北周千金公主上书隋文帝"自请改姓，乞为帝女"，隋文帝应允，赐公主杨姓，封大义公主。沙钵略可汗向隋文帝致书："皇帝是妇父，即是翁，此是女夫，即是儿例。两境虽殊，情义是一。今重叠亲旧，子子孙孙，乃至万世不断，上天为证，终不违负。此国所有羊马，都是皇帝畜生，彼有缯彩，都是此物，彼此有何异也！"沙钵略可汗称隋文帝为"翁"，称自己为"儿"，双方的联姻关系正式确立。

都蓝可汗时期，突厥在北方的势力逐渐恢复。隋朝害怕其势力壮大给中原地区带来威胁，为离间并削弱突厥势力，隋朝将宗室女安义公主嫁给突利可汗（启民可汗），并加以扶植。而后突利可汗率众归顺隋朝，终于消除了隋朝北疆的隐患。大业十年（614年）正月，隋炀帝"以宗女为信义公主，嫁于突厥曷婆那可汗"。

隋朝末年，东突厥不仅控制了周边的契丹、奚等少数民族，中原地区的割据政权也纷纷与东突厥结盟，争取其支持。唐高祖在太原起兵时，为争取突厥的支持，遣太常卿郑元璹与宗室李琛以"女妓遗突厥始毕可汗，以结和亲"[1]。突厥随即派出五百名士兵和两千匹战马前去支援，郑元璹与李琛二人也因此立功并得到唐高祖的嘉奖，唐朝与边疆民族和亲的序幕由此拉开。

武德三年（620年），始毕可汗亡故，其继位者颉利可汗认为突厥兵强马盛，逐渐有了"凭陵中国之志"[2]，不断侵扰中原，甚至拘留唐朝使臣。唐高祖李渊因国家刚建立不久，对其一再忍让。贞观初年，唐朝与突厥双方的形势发生转变。由于颉利可汗长年对外征战，重敛无度，"下不堪命，内外多叛之"[3]，使得突厥政权内部矛盾激化。突利可汗势力又因为失众、丧师等原因获罪，与颉利可汗矛盾加剧。原本依附于突厥的奚、霫、薛延陀等部屡次反叛。此外，天灾导致突厥境内的羊、马死亡无数，突厥百姓遭受饥荒。唐太宗趁机拉拢薛延陀共图突厥，"颉利可汗大惧，始遣使称臣，请尚公主，修婿礼。"[4]贞观三年（629年），颉利可汗向唐请婚。此时唐朝占据有利形势，唐太宗拒绝了颉利可汗的请求。

万岁通天元年（696年），契丹首领李尽忠、孙万荣起兵攻陷营州（今辽宁省朝阳市），武则天派军伐叛失利，默啜可汗想要帮助唐朝平叛，于是请求为太后子，并为其女求婚，归还了全部河西降户。为迅速平叛，武则天两次对默啜可汗进行册封，但并未应允其和亲请求。由于唐军与契丹作战失败，武则天派遣使臣督促突厥出兵，默啜可汗重提和亲之事。朝中就默啜可汗和亲请求一事展开讨论，右豹韬卫大将军阎知微认为和亲一定能保证

---

1 《册府元龟》卷978《外臣部·和亲一》，中华书局，1960，第11495页。
2 《旧唐书》卷194《突厥传》，中华书局，1975，第5155页。
3 《通典》卷197《边防十三》，中华书局，1984，第1070页。
4 《资治通鉴》卷193《唐纪九》，中华书局，1956，第6065页。

突厥出兵，但大臣田归道认为默啜可汗定会违背约定，不能仅依靠和亲的方式，应该做好借不到兵的准备。武则天在权衡利弊后，决定答应默啜可汗的请婚并同意他的各项请求，默啜可汗于是派兵助唐伐叛，大败契丹。圣历元年（698年），武则天将默啜可汗之女赐婚其侄孙淮阳郡王武延秀，并命武延秀亲往突厥迎亲，但武延秀一行刚刚抵达突厥便被默啜可汗所拘。默啜可汗撕毁婚约，并移书唐廷历数唐之过错："与我生谷种，种之不生，一也。金银川器皆行滥，非真物，二也。我与使者绯、紫袍者，皆夺之，三也。缯帛皆疏恶，四也。我可汗女当嫁天子儿，武氏小姓，门户不敌，罔冒为婚，五也。"[1]默啜可汗以此为借口发兵攻打唐朝，此次和亲以失败告终。长安三年（703年），默啜可汗再次向武则天为女请婚，派遣使臣莫贺达干到达长安请愿，武则天最终应允。但不久之后，默啜可汗派兵侵扰唐朝边境，进攻鸣沙县，新继位的唐中宗遂下诏绝婚。

景云二年（711年），默啜可汗再次派遣使臣赴唐请求和亲，唐睿宗赐宋王李成器之女为金山公主，派遣使臣前往突厥传达和亲之意。默啜可汗遂遣其子杨我支及国相入唐迎亲。先天元年（712年），唐睿宗在安福门宴请杨我支，然而不久后，唐睿宗传位给唐玄宗，此次和亲随之作罢。先天二年（713年），默啜可汗再次派杨我支入唐请婚，唐玄宗应允，许配蜀王女南和县主为杨我支妻子。没过多久，默啜可汗不顾与唐和亲的约定，大举进犯北庭，唐玄宗对此事大为恼火，颁布北伐檄文予以声讨。面对突厥的叛附无定，唐玄宗从长远考虑，决定发兵讨伐突厥，默啜可汗听说此事后非常恐惧，于是再次向唐请婚，寻求喘息的机会。唐玄宗

1　《资治通鉴》卷206《唐纪二十二》，中华书局，1956，第6531页。

鉴于默啜可汗"一口称和，一心即背，每将兵马，尝抄边军"[1]，于是赐书给默啜可汗：唐朝将公主嫁于可汗，可汗派一王子来朝宿卫，以申两国之好。但双方最终并未达成和亲协定。

默啜可汗死后，其兄长毗伽可汗继位，亦请婚于唐。开元九年（721年），毗伽可汗遣使请求和亲，唐玄宗只是厚加赏赐予以遣返。此后，突厥又连续多年派遣使者向唐请婚。当时实力不如突厥的吐蕃、契丹、奚等国都可以与唐朝和亲，而突厥却多次求而不得，毗伽可汗认为，这无疑有损突厥在诸蕃中的地位。因此，突厥急于与唐朝和亲，以图凭借大国快婿之名，恢复突厥昔日号令诸蕃的风采。鉴于以往突厥可汗心口不一、反复无常的做法，唐玄宗对其请婚心存疑虑，因此并未应允。开元十五年（727年），毗伽可汗为取信于唐，献上吐蕃邀突厥共同侵扰唐朝边境的书信，唐玄宗为嘉奖他的诚意，应允把西受降城作为互市之所，此后双方之间的猜忌有所缓和。开元二十二年（734年），因毗伽可汗请婚频繁，唐朝最终答应其和亲请求。同年，毗伽可汗派遣使者献《谢婚表》称："突厥与唐朝和好，蕃汉百姓在一起生活，种田养畜。今陛下许降公主，这对儿臣来说是一种恩惠。"但此时突厥汗国统治阶级内部矛盾激化，毗伽可汗被杀，此次和亲最终未能成功。

和亲在不同时期发挥着不同的作用。唐朝建立初期，突厥是其可拉拢的重要力量，唐朝有求于突厥，此时双方关系几乎是一边倒的，如义宁元年（617年）同东突厥的和亲、武德八年（625年）同西突厥的和亲。随着唐朝国力日益强盛，突厥成为其最强大的对手，于是唐朝采取不同的措施，对突厥进行拉拢、分化、瓦解、

1　《册府元龟》卷980《外臣部·通好》，中华书局，1960，第11511页。

打击。此时和亲的特点是趋于双向的，唐朝在争夺主动权的同时，努力使突厥成为调节边疆民族之间关系的重要力量。隋唐两朝与突厥的和亲，对"大一统"政局和统一的多民族国家的巩固和发展产生了深远影响。和亲政策的实施与推行，极大地促进了双方经济、文化的交往交流交融。

三、使者往来与移民入唐

根据相关史书记载，隋朝向突厥派遣使者的次数相当可观，有 40 余人次，其中提及姓名的有 30 余人次。除此之外，还有许多史书没有详细记载的使者，如《新唐书·突厥传上》中记载，阿史那忠随思摩出塞归旧地，常"思慕中国，见使者必留涕求入侍，许之"，阿史那忠出使的次数应该不少，但囿于史书记载欠详，现已无法考证翔实情况。这些使者的使命涉及政治、经济、文化、军事等诸多方面，真实地反映了隋唐时期中原王朝与突厥之间的往来情况。

隋唐两朝派往突厥的使者依据职责有不同的称谓，具有代表性的有：和亲使者、传谕使者、游说使者、册封使者、迎送使者、吊祭使者。

和亲使者，即派往突厥进行和亲的使者。隋朝与突厥和亲，史书记载仅安义、义城两位公主，关于这两次和亲的具体情况，囿于史书记载欠详，现已无从考证，尽管如此，根据有关记载，我们可以了解到和亲使者有牛弘、苏威和斛律孝卿等。唐朝时期派往突厥的和亲使者见于记载的有襄武王李琛、太常卿郑元璹、汉阳公李瑰、淮阳王武延秀、右豹韬卫大将军阎知微、右武卫郎将杨齐庄等。这些使者代表朝廷与突厥达成和亲协议、商定和亲事宜等一系列事项。

传谕使者，即派往突厥传达天子旨意的使者。隋朝派出传谕使者是在突厥可汗表示臣服之后，据《隋书·北狄传》所载沙钵略可汗致隋朝皇帝书中云"使人开府徐平和至，辱告言语，具闻也"，根据此条史料记载，徐平和承担着传达隋朝皇帝圣谕的使命。自此之后，隋朝多次向突厥派遣传谕使者。开皇四年（584年），沙钵略可汗遣使奔赴隋都，隋文帝派遣庆则与长孙晟向突厥报书；突厥达头可汗与都蓝可汗之间发生战争，于是各自派遣使者赴隋请求支援，隋文帝令长孙平持节宣谕，命其和解；大业三年（607年），隋炀帝出塞，途经突厥，担心启民可汗惊惧，于是提前派武卫将军长孙晟传谕；突厥启民可汗内附后畜牧于定襄、马邑间，光禄少卿柳謇之出塞传谕；等等。唐朝时期，此类使者最早可以追溯到唐高祖李渊起兵晋阳之时，李渊命刘文静出使突厥，始毕可汗随即遣大将康鞘利率领千余骑兵随刘文静赴唐，并献马千匹。自此之后，唐朝多次向突厥派遣传谕使者。武德七年（624年）八月，突厥侵扰绥州失败，于是派遣使者请和，唐高祖遣左仆射裴寂出使突厥，传达唐朝对请和一事的答复；景云二年（711年），默啜可汗派遣使臣赴唐请求和亲，唐睿宗派遣御史中丞摄鸿胪卿和逢尧出使突厥传达和亲之意；开元十三年（725年），唐玄宗想要东巡，担心突厥乘机入寇，遂听从兵部郎中裴光庭的计策，派遣中书直省袁振摄鸿胪卿前往突厥传达旨意。

游说使者，即为达到某种目的而派往突厥进行游说的使者。隋朝向突厥派遣游说使者始于开皇元年（581年），为达到离间突厥的目的，隋朝派遣车骑将军长孙晟前往突厥游说处罗侯。此后，关于游说使者的记载屡见于史书。开皇二年（582年），突厥沙钵略可汗率众南下，隋朝派遣长孙晟为游说使者"说沙钵略之子染干，诈告沙钵略曰：'铁勒等反，欲袭其牙。'沙钵略惧，回兵出塞。"[1] 开皇十七年（597年），"突利本居北方，既尚主，长孙晟说其帅众南徙，居度斤旧镇，锡赉优厚"[2]。唐朝时期，派出游说使者多发生在唐高祖和唐太宗时期，如郑元璹曾先后三次以游说使者的身份出使突厥。武德二年（619年），处罗可汗寇汾晋，唐高祖诏令郑元璹入藩，告知处罗可汗侵扰的后果，处罗不听；武德五年（622年），突厥寇并州，唐高祖诏令郑元璹充使招慰突厥；贞观元年（627年），颉利可汗领兵南侵，郑元璹再次出使突厥，游说颉利可汗退兵。此外，时任天策长史检校黄门侍郎的唐俭也曾作为游说使者前往突厥，劝说颉利可汗归顺唐朝。

册封使者，即派往突厥执行册封使命的使者。隋朝最早派往突厥的册封使者为徐平和，册封对象是沙钵略可汗之妻，赐杨姓，由北周千金公主改封隋大义公主。从此之后，册封使者常见于史书记载。开皇七年（587年），突厥摄图可汗亡故，隋朝派遣长孙晟为册封使者，持节赴突厥，册封摄图可汗之弟处罗侯为莫何可汗，册封摄图可汗之子雍闾为叶护可汗。唐朝最早派出此类使者是在贞观十三年（639年），唐太宗令礼部尚书赵郡王李孝恭、鸿胪卿刘善因持册书至突厥阿史那思摩部，赐予战鼓与大旗，并赐阿史那思摩李姓，封为乙弥泥熟俟利苾可汗。此后，唐朝派往突厥的册封使屡见于史书记载。万岁通天元年（696年），武则

1　《资治通鉴》卷175《陈纪九》，中华书局，1956，第5459页。

2　《资治通鉴》卷178《隋纪二》，中华书局，1956，第5558页。

天遣右豹韬卫大将军阎知微、左卫郎将摄司宾卿田归道，"册授默啜左卫大将军、迁善可汗"[1]；同年，因默啜可汗击契丹有功，再遣使者册立默啜可汗为特进、颉跌利施大单于、立功报国可汗。有些册封使者除承担册封的使命外，还兼有吊祭亡故突厥可汗的使命，如开元二十年（732年），突厥毗伽可汗被大臣梅录啜毒杀，突厥人立其子为伊然可汗，唐玄宗诏令宗正卿李佺前往吊祭，并册立伊然可汗。

迎送使者，即迎送突厥可汗而派出的使者。隋朝派出此类使者的记载见诸史书的仅有两例：一是《隋书·史详传》所载，"时突厥启民可汗请朝，帝遣详迎接之"；二是《资治通鉴·隋纪三》所载，仁寿三年（603年）"步迦众溃，西奔吐谷浑，长孙晟送启民暨碛口，启民于是尽有步迦之众。"唐代有关此类使者的记载最早见于武德九年（626年），颉利可汗亲率十万余骑入寇，唐太宗与其在渭水立下盟约，颉利可汗遂引兵而退，唐太宗下诏殿中监豆卢宽、将军赵绰护送。此后，唐朝迎送使的记载屡见于史书。贞观二十一年（647年），突厥车鼻可汗派他的儿子沙钵罗特勤入唐，又请求唐廷允许其亲自入朝，唐太宗派遣云麾将军安调遮、右屯卫郎将韩华前往迎接车鼻可汗；圣历元年（698年），突厥默啜可汗请求朝见，快要到达单于都护府之时，武则天才诏令田归道摄司宾卿前往迎接。

吊祭使者，即派往突厥吊祭亡故可汗的使者。隋开皇七年（587年），突厥沙钵略可汗亡故，隋朝为其废朝三日，遣太常吊祭；开皇八年（588年），突厥处罗可汗亡故，隋文帝派遣长孙晟前往吊祭。唐武德二年（619年），突厥始毕可汗卒，唐廷举哀于

---

1 《资治通鉴》卷205《唐纪二十一》，中华书局，1956，第6510页。

长乐门，废朝三日，遣内史舍人郑德挺吊祭处罗可汗；开元二十年（732年），突厥毗伽可汗卒，唐太宗下诏宗正卿李佺前往吊祭，并下令史官起居舍人李融为毗伽可汗撰写碑文。唐朝除为吊祭突厥可汗派出吊祭使者外，有时也为吊祭突厥大臣派出吊祭使者，不过见于史书记载的仅有一例，即开元二十年（732年），突厥大臣阙特勤亡故，唐太宗下诏命金吾将军张去逸、都官吕向携带玺书入突厥祭拜。

隋唐与突厥之间的使者往来是双向的，隋唐向突厥派出使者，突厥也向隋唐派出使者。据《隋书·高祖上》记载，突厥最早向隋朝派遣使者是在开皇元年（581年）九月，沙钵略可汗派遣使者进贡地方特产。此后，突厥派往隋朝的使者屡见于史书。突厥与唐朝之间的使者往来最早可以追溯至李渊起兵太原时，始毕可汗"遣其特勤康鞘利等献马千匹，会于绛郡，又遣二千骑助军，从平京城"[1]：武德元年(618年)，李渊登基称帝，突厥始毕可汗派遣"骨咄禄特勤来朝，宴于太极殿，奏九部乐，赍锦彩布绢各有差"[2]。自此之后，突厥不断向唐朝派遣使者，这些使者的使命涉及双方之间的政治、经济、文化等诸多方面。

朝贡使者，即突厥派往隋唐朝见天子、进献贡物的使者，他们的使命是维持突厥与隋唐的关系，向隋唐进献牛、马、羊等地方特产。隋朝时期，朝贡使者是突厥派遣使者中最常见的一种，此类使者屡见于史书记载，几乎每年都有，甚至有时一年多次。沙钵略可汗臣服隋朝后，"岁时贡献不绝"[3]；都蓝可汗每年都

1　《旧唐书》卷194上《突厥上》，中华书局，1975，第5153页。
2　《旧唐书》卷194上《突厥上》，中华书局，1975，第5154页。
3　《隋书》卷84《北狄传》，中华书局，1973，第1870页。

上编　拂云堆下望长安——隋唐时期的突厥

派遣使臣向隋朝朝贡，如开皇十一年（591年）二月，遣使进贡"七宝碗"，同年四月又进贡"于阗玉杖"。次年，遣使向隋朝进贡一万匹马、两万只羊、五百头牛。从史书有关记载来看，朝贡使者代表突厥可汗向隋朝皇帝进献物品，每年一次成为定制，进贡的物品除"七宝碗""于阗玉杖"等名贵物品外，多为草原特产，如马、羊、牛、鱼胶等。唐朝时期，朝贡使者也是突厥派遣使者中较常见的一类，在东突厥时期较少，多集中于后突厥时期，这一时期突厥称臣于唐朝，故按照"藩臣"的规定每年向唐朝纳贡。贞观二年（628年）十一月，颉利可汗派遣使者进贡马牛数万；长安三年（703年），默啜可汗派遣使者进献马千匹及地方特产；武则天时期，娑葛派遣使者进贡马五千匹及地方特产；开元九年（721年）二月，毗伽可汗派遣使者进献地方特产。

和亲使者，即突厥派往隋唐请求和亲、迎娶公主的使者。隋朝与突厥之间的和亲虽然只实现两次，但突厥为实现和亲派出使者见于史书记载的不止两次。开皇四年（584年），沙钵略可汗多次被隋朝击败，遂派遣使者请求和亲；开皇十三年（593年），突利可汗遣使求婚；同年，大义公主被杀，都蓝可汗"更表请婚"。唐朝时期，突厥想借和亲改善与唐朝的关系，也希望通过和亲以加强突厥在周边各少数民族政权中的地位，故不断派遣使者请求和亲。武德五年（622年），统叶护可汗遣使请婚；贞观四年（630年），侯毗可汗遣使请婚，唐太宗不许；贞观十七年（643年）八月，乙毗咄陆可汗遣使求婚；万岁通天元年（696年），默啜可汗遣使为女求婚；先天二年（713年），默啜可汗再派其子杨我支赴唐，"入宿卫，固求婚"[1]。

---

1 《新唐书》卷215《突厥传》，中华书局，1975，第6047页。

求请使者，即突厥派往隋唐提出求请要求的使者，求请要求包括请求和解、援助、狩猎、互市等。开皇三年（583年），突厥内乱，各方势力各派使者请求支援，隋文帝都没有答应；开皇七年（587年），沙钵略可汗"请猎于恒、代之间"，隋文帝应允了此要求；开皇八年（588年），突厥"寻遣使请缘边置市，与中国贸易，诏许之"[1]；大业三年（607年），隋炀帝杨广欲出巡突厥，启民可汗"遣使请自入塞奉迎舆驾，上不许"[2]。唐朝时期，见于史书记载的突厥求请使者也比较常见。武德八年（625年）和武德九年（626年），颉利可汗两次遣使请和；贞观二年（628年）和贞观三年（629年），突利可汗遭到颉利可汗的进攻，故两次向唐廷派出使者，请求援助；武德元年（618年），西突厥阙达可汗"遣使内属，拜吐乌过拔阙可汗，厚加抚慰"[3]；武德七年（624年），"颉利遣使来，愿开北楼关互市，帝不能拒"；等等。

　　隋唐和突厥之间的使者往来，在客观上推动了隋唐和突厥之间的经济文化交流。通过使者的来往，中原地区的酒、缯、屏风等物品流入突厥，而北方草原地区的牛、羊、马、驼等畜牧产品则进入中原。通过使者往来，中原王朝与突厥实现了互市，促进了双方的经济贸易往来。同时，使者往来对中原地区与突厥之间的文化交流也起到了积极的促进作用。

　　（三）移民迁徙

　　隋唐时期，中原地区与突厥之间的移民迁徙非常频繁，迁徙规模极为庞大。中原地区人口或出于政治需要，或受战争影响，

1　《隋书》卷84《北狄·突厥》，中华书局，1973。
2　《资治通鉴》卷180《隋纪四》，中华书局，1956，第5629页。
3　《旧唐书》卷194《突厥下》，中华书局，1975，第5180页。

或自发迁往突厥。这些移民定居突厥后，为当地的社会生活带来了新的变化，促进了中原地区文化和生产技术在突厥的传播。

出于政治需要的移民，主要是指隋唐时期和亲的公主去往突厥带去的大量随从，以及因和亲引发的不同部族间的人口迁移。隋唐时期，中原和突厥之间的和亲从未间断，每次和亲都会促进双方人口、文化和技术的交流。开皇十七年（597年），"突利遣使来逆女，上舍之太常，教习六礼，妻以宗女安义公主"[1]。突厥启民可汗派遣使者求娶公主，隋文帝杨坚以安义公主和亲，并教习"六礼"。"六礼"指冠礼、婚礼、丧礼、祭礼、乡饮酒和乡射礼、相见礼，中原的礼仪文化由此传入突厥，逐渐被突厥人民接受和推崇。和亲还带来了突厥不同部族之间的人口迁移。开皇十九年（599年），"安义公主已卒，上（隋文帝）以宗女义成公主妻之（启民可汗），部落归者甚众"[2]。安义公主去世后，隋朝以宗女义成公主和亲突厥，突厥获得隋朝的支持，由此导致很多部落归附突厥，引起了不同部族间的人口迁移。贞观二十年（646年），西突厥"乙毗射匮可汗遣使入贡，且请婚，上许之，且使割龟兹、于阗、疏勒、朱俱波、葱岭五国以为聘礼。"[3]此次和亲将龟兹、于阗等五国并入突厥，其人口均纳入突厥管理，促进了各民族的交往交流交融。

此外，公主和亲时还带有大量随从，如陪嫁、奴仆、护卫、工匠等。这些随从有的具有较高的文化素养，有的具有高超的技艺，他们将中原先进的文化、技艺传播到突厥，促进了不同地域、

1 《隋书》卷84《北狄传》，中华书局，1973，第1872页。
2 《隋书》卷84《北狄传》，中华书局，1973，第1873页。
3 《资治通鉴》卷198《唐纪十四》，中华书局，1956，第6236页。

不同民族间的文化交流。这些人进入突厥后，在突厥定居，与突厥人通婚，他们的后代也留在了突厥。

受战争影响的移民，主要是指突厥从中原掳掠人口形成的人口迁移。隋唐时期，突厥入侵中原的目的之一就是掠夺人口和财物。因战争被突厥掠夺的人口数量，根据文献可见大致规模。武德三年（620年）六月，处罗可汗在并州"留三日，城中美妇人多为所掠"[1]；武德五年（622年），颉利可汗率军围攻并州，又派兵劫掠汾、潞等州，掳掠男女五千余口；万岁通天元年（696年），默啜可汗挑起战事，"军未发而默啜尽抄掠赵、定等州男女八九万人，从五回道而去，所过残杀，不可胜纪"[2]。此次战争中，突厥掳掠数万唐朝民众。对战争中被掳掠的人口而言，背井离乡，生活凄惨，但客观上带来了人口流动，加速了各民族人口融合。

此外，生活所迫、避难逃灾等也会造成人口迁移。史载开皇七年（587年），"时有流人杨钦亡入突厥中"[3]，中原流人杨钦逃亡到突厥，当时应该还有大量类似的逃亡人口。隋初，"五原太守张长逊因乱以其所部五原城隶于突厥。"五原太守张长逊为避战乱将其管辖的五原城献给突厥。隋末战乱，许多中原人士为逃避战乱逃亡至突厥，如刘武周为求自保投附突厥、义成公主从弟避乱突厥。唐末，因"安史之乱"和农民起义的影响，许多人口迁徙到突厥，留居故土的人口百无一二。诸如此类，这些中原人口都是由于战乱等不同原因自发移民至突厥地区。

---

1 《旧唐书》卷194上《突厥上》，中华书局，1975，第5154页。
2 《旧唐书》卷194上《突厥上》，中华书局，1975，第5159页。
3 《隋书》卷84《北狄传》，中华书局，1973，第1871页。

中原与突厥之间的人口迁移是双向的，除中原人口迁移至突厥外，突厥人口也大量流入中原，而且后者迁移的规模与频率要高于前者。

隋唐时期，突厥由于内部战乱，加之与中原王朝之间战争频仍，出现了大量向中原移民的现象。开皇十七年（597年），突厥大举入侵中原，被隋军大败后，突厥降者万余家，隋文帝将这些突厥降民安置在恒安（今山西省大同市）；开皇十九年（599年），突厥发生内乱，隋文帝封突利可汗为意利珍豆（意为"智健"）启民可汗，并将其部众迁徙到河南，"发徒掘堑数百里，东西拒河，尽为启民畜牧之地"，大量突厥部众南迁"或南入长城，或住白道，人民羊马，遍满山谷"[1]，可见此次移民到中原的突厥人口数量较大。唐朝时期，突厥因战事内迁移民的人口数量规模要比隋朝大得多。贞观四年（630年），突厥思结俟斤率领四万部众投降唐朝，阿史那苏尼失率领五万部众投降，由此造成了"漠南之地遂空"[2]的局面。颉利可汗兵败后，其部落有的迁徙至薛延陀，有的迁徙至西域，投降唐朝的非常多，"入居长安者数千家"[3]；贞观十九年（645年），拔灼（多弥可汗）率军入侵河南，被唐右领军大将军执失思力与田仁会击败，俘虏兵众数万；贞观二十年（646年），突厥薛延陀部发生内乱，唐朝名将李世勣俘获三万余人。这些迁徙的突厥人口大部分是举族而来，中原王朝基本都是全部接纳并为其安置生活地点。如贞观四年（630年），唐太宗将突厥移民安置在黄河以南的

1　《隋书》卷84《北狄传》，中华书局，1973，第1873页。
2　《资治通鉴》卷193《唐纪九》，中华书局，1956，第6074页。
3　《旧唐书》卷144上《突厥上》，中华书局，1975，第5162—5163页。

边塞地区，让他们在此地游牧。

隋唐时期，还有一部分突厥移民是由于灾荒不得已向中原迁徙。贞观三年（629年），突厥境内出现大饥荒，加之很多部族出现叛乱，颉利可汗无力应对，于是突利可汗、荫奈特勤、郁射设等人率领部众归附唐朝；垂拱三年（687年），突厥遭遇连年大旱，"野皆赤地，少有生草"，十之八九的羊、马死亡，突厥人不得不"掘野鼠，食草根，或自相食"[1]，大批饥民为了生存被迫向南投奔唐朝。

此外，突厥部族还存在以"归附"为名义的人口迁移。根据史料记载，开皇四年（584年），突厥苏尼部万余人投奔隋朝。同年，隋文帝巡幸陇州，突厥可汗阿史那玷率领部众投降；仁寿元年（601年），突厥九万余人归附隋朝；仁寿三年（603年），漠北包括铁勒、阿拔、伏利具、斛萨、浑、阿拔、思结、仆骨等十多个部落请求归附隋朝；武德元年（618年），因隋末战乱而逃至突厥的隋朝将领李子和率领两千多人归附唐朝，三年后屯于延州故城。

隋唐时期，突厥向中原的人口迁移促进了中原地区人口的增长。据记载，贞观年间的人口户数：京府207650户，凤府27282户，华州18823户，灵州4640户，秦州5724户，凉州8231户；开元年间人口户数：京府362909户，凤府44532户，华州30787户，灵州9606户，秦州25007户，凉州26165户；天宝年间人口户数更有增长：京府362821户，凤府58486户，华州33187户，灵州11456户，秦州24827户，凉州22462户。天宝年间，京府地区增加户数十几万，户口数少的凉州地区也增加了两万余户，秦州从五千余户增加到两万余户，增长速度高达四倍。根据上述

---

1 《旧唐书》卷144下《突厥下》，中华书局，1975，第5180页。

唐代西北地区有关州府的人口数据可以看出，在贞观、开元、天宝年间的人口有大幅增加的情况，说明从突厥迁入中原的人口数量较大，对中原地区的人口分布和民族融合都产生了极大的影响。

隋唐时期，中原与突厥之间的人口迁移加速了民族融合。突厥移民的到来给中原带来了独特的突厥习俗，如穿胡服、弹胡乐、喝胡酒、吃胡食等，突厥的文化习俗使中原人民的精神文化生活变得丰富多彩，也使中原的文化艺术进入了繁荣与创新时期。同样，中原也有不少人因各种原因迁徙到突厥居住的，他们为突厥带去了汉文化和先进的技术，在促进文化交流方面起到了重要作用。

（四）入唐蕃将

由于东突厥和西突厥先后归降唐朝，使大量突厥将领成为唐朝官员。唐廷对这些归附的突厥将领给予非常高的待遇，吸引越来越多的突厥将领归附唐朝，逐渐形成了一个特殊的群体——突厥蕃将。这一群体对唐朝的统一与稳定发挥了重要作用。

唐朝初期，突厥蕃将凭借自身的骁勇善战，成为唐朝对外征伐战争中的主力军，深受唐廷的重用与宠信。君主不仅为他们加官进爵、赐婚公主、赐名赐姓，而且在他们死后还给予如赏赐谥号、追赠官衔、陪葬帝陵以及重用子孙后代等优待。由于这一系列优待政策，许多突厥蕃将选择留居中原，形成了一个颇为庞大的突厥蕃将家族。

东突厥灭国后，一部分突厥部族归附唐朝，为了加强管理，唐廷设立羁縻府州，任命突厥贵族担任羁縻府州的长官。如贞观四年（630年），唐太宗置丰州都督府"不领县，惟领蕃户，以史大奈为都督。"[1] "以阿史那苏尼失为北宁州都督，以中郎将

1　《元和郡县图志》卷4《关内道四》，中华书局，1983，第112页。

史善应为北抚州都督"[1] "乃以突利可汗为顺州都督，令率其下就部。"[2] 唐太宗"以（阿史那思摩）为忠，授右武侯大将军、化州都督，统颉利故部居河南。"[3] 咸亨二年（671年），"以西突厥部酋阿史那都支为左骁卫大将军兼匐延都督，以安辑其众。"[4] 唐廷通过设立羁縻府州并任命突厥贵族担任羁縻府州长官，使突厥贵族成为唐朝官员，这些突厥部族聚居地自然变成唐朝辖下的羁縻府州，纳入统一管辖。

唐朝君主对突厥蕃将的宠信，不仅表现在为其封授高品阶的武职事官，还表现在为其封授功爵，如执失思力封安国公、史大奈封窦国公、阿史那苏尼失封怀德郡王、阿史那思摩封怀化郡王、突利可汗阿史那钵苾封北平郡王、阿史那社尔封毕国公、阿史那忠封薛国公，连俘虏的颉利可汗阿史那咄苾死后都赠归义王。

赐名赐姓也是突厥蕃将受到唐朝君主宠信的重要表现之一，如西突厥特勤史大奈，原名阿史那大奈，唐高祖在太原起兵，大奈率其部助战，战争胜利后，高祖赐姓史；史忠，字义节，原名阿史那忠，为阿史那苏尼失之子。史载，"忠以擒颉利功，拜左屯卫将军，妻以宗女定襄县主，赐名为忠，单称史氏"[5]。阿史那思摩较为特殊，唐代宗为了奖励他对唐朝的忠心，特赐李姓，即李思摩。

这些骁勇善战的突厥将领不仅生前得到了唐廷的重用，死后也受到了如陪葬帝陵、赠官、封谥号等优待。陪葬帝陵是君主恩

1　《资治通鉴》卷193《唐纪九》，中华书局，1956，第6190页。

2　《新唐书》卷215《突厥传》，中华书局，1975，第6038页。

3　《新唐书》卷215《突厥传》，中华书局，1975，第6039页。

4　《新唐书》卷215《突厥传》，中华书局，1975，第6064页。

5　《旧唐书》卷109《阿史那忠传》，中华书局，1975，第3290页。

宠功臣的一种重要方式，唐朝的功臣也将死后陪葬帝陵视为巨大的荣耀。据史料记载，陪葬帝陵的突厥蕃将有阿史那思摩、阿史那社尔、阿史那忠，三人均在死后陪葬昭陵。赠官是指君主对功臣本人或他们的祖先死后追封官职或爵位。根据传世文献及出土墓志的有关记载，死后获得赠官优待的突厥蕃将，如阿史那大奈死后追赠辅国大将、阿史那忠死后追赠镇国大将、执失思力死后追赠胜州都等。封谥号是统治阶级对已故帝王、诸侯、大臣等，按其生平事迹给予的称号。据史料记载，死后获得谥号的突厥将领，如阿史那社尔谥曰元、阿史那忠谥曰贞、执失思力谥曰景。

从唐初开始，突厥蕃将就参与唐朝的各类战争。据史书记载，"高祖兴太原，大奈提其众隶麾下。桑显和战饮马泉，诸军却，大奈以劲骑数百背击显和，破之，军遂振。"[1] 阿史那大奈在唐高祖李渊太原起兵时，率领部众隶属麾下，与桑显和在饮马泉交战，众军退却，阿史那大奈率劲骑数百从背后进攻桑显和，将他击败，军势于是重振。正因如此，阿史那大奈受到唐廷的重视；阿史那社尔先后三次出战："（贞观）十四年（640年），授行军总管，以平高昌""（贞观）十九年（645年），从太宗征辽。"[2] "（贞观）二十年（646年），唐太宗遣左骁卫大将军阿史那社尔为昆山道行军大总管，与安西都护郭孝恪，司农卿杨弘礼率五军，又发铁勒十三部，兵十余万骑，以伐龟兹。"[3] "（贞观）十九年，执失思力与阿史那弥射分别担任行军总管，随太宗征伐高丽。"[4]

唐开元年间以后，除阿史那自奴（阿史那哲）与阿史那毗伽

1　《新唐书》卷110《史大奈传》，中华书局，1975，第4111页。
2　《旧唐书》卷109《阿史那杜尔传》，中华书局，1975，第3289页。
3　《旧唐书》卷198《西戎传》，中华书局，1975，第5303页。
4　《新唐书》卷220《东夷传》，中华书局，1975，第6189页。

外，突厥蕃将便极少数参与唐朝的对外重大战争。《阿史那哲墓志》记载："起家蒙任郎将，以君干略，东麾伐罪，位居副将，借紫金鱼袋。功成励著，蒙除授左骁卫翊府中郎将、上柱国，仍充幽州道经略军副使"[1]。开元二年（714年），阿史那自奴征讨契丹。《阿史那毗伽特勤墓志》记载："开元三年（715年），拜云麾将军、右威卫中郎将，赐紫袍鱼袋。便令招慰三窟九姓，因与九姓同斩默啜，传首京师"[2]。

随着时间的推移，这些来到中原的突厥蕃将试图隐瞒自己的突厥出身，攀附汉人中的先王、名人为自己的祖先，以此证明自己也出身华夏正统。如唐肃宗时的大将李怀让，他本出身突厥，却假托汉朝李陵为祖先，其墓志云："公讳怀让，字某，汉将军李陵之后，自五将失道，家留陇山千年于兹，因引贵族戎帐之下，华风在属。奕叶相承，久雄朔北，本枝必复，终茂陇西，公则成纪人也。"[3] 攀附的先人年代越久远，越无从考证，由是捏造出来的先人世系就更没有漏洞。因此，不少唐朝蕃将竟认远古华夏帝王为其祖先，如突厥阿史那氏出身的蕃将，声称其祖先"克承大禹"。由此现象中可以看出，在唐朝为官的突厥人已经深受汉文化的影响，同汉人具有相同的民族意识和心理状态。

最早在唐朝为官的突厥蕃将，大都保有自己原来的蕃姓、蕃名。如阿史那苏尼失、阿史那咄苾、执失思力、阿史那思摩、阿史那步真、阿史那弥射、阿史那斛瑟罗、阿史那大奈等。但他们的后代子孙，

---

1 王仁波主编：《隋唐五代基志汇编：陕西卷·阿史那哲墓志》，天津古籍出版社，1991，第101页。

2 中国文物研究所、陕西省古籍整理办公室：《新中国出土墓志：陕西卷二·阿史那毗伽墓志》，文物出版社，2015，第82页。

3 《文苑英华》卷951《李怀让墓志》，中华书局，1975。

有的是因君主优待而被赐名赐姓，有的是因归附时间已久，从前的蕃姓自行消亡，而代之以汉姓、汉名。以阿史那氏为例，自唐高祖赐阿史那大奈"史氏"开始，凡是阿史那氏者都将姓氏改为"史"并"注（籍）长安"，阿史那氏渐用汉名取代了原有的蕃名，如史大奈、史忠、史仁表、史善应。但并非所有的阿史那氏都改"史"姓，如阿史那思摩被赐姓"李"。除被君主赐姓、赐名外，更多的是因仕唐日久而被中原风俗影响自己改易汉名，如执失思力为其四个儿子分别取名绍德、绍宗、师仁、归真；史大奈为子取名仁表；阿史那咄苾之子初名登罗支，后易姓名为史孝昌；阿史那斛瑟罗之子取名史怀道，其孙取名史昕，其曾孙取名史忠孝。

　　实行土葬和夫妻合葬，是入唐蕃将受中原文化影响的重要表现之一。据《周书·突厥传》记载，突厥人"葬讫，于墓所立石建标。其石多少，依平身所杀人数"[1]，由此可见，突厥的丧葬习俗是立石建标，与中原汉人的立墓志习俗不同。不过，突厥蕃将归顺唐朝后，其丧葬习俗效仿中原汉人传统，不仅撰写墓志，还按照汉人的习俗取字，阿史那自奴甚至以"臣"字作为子孙的字辈，足见阿史那家族的汉化程度之深。此外，突厥蕃将还接受了汉人合葬的习俗，如史瑾，其妻薛氏先亡，葬于洛阳城南的龙门山西处，史瑾去世后，由唐氏十二女将他与薛氏合葬于洛阳城河南县。史瑾死后采用夫妻合葬的中原丧葬形式，并未按照突厥的传统丧葬习俗，可见突厥蕃将后裔的汉化程度之深。

　　唐朝对少数民族采取开明的政策，使得众多突厥人供职于唐朝，有利于唐朝管辖幅员辽阔的疆域，维护了中原和周边地区较长时间的稳定，深化了不同民族和地区间的政治、经济、文化的

1　《周书》卷50《突厥传》，中华书局，1971，第910页。

交流互鉴。

（五）交流互鉴

隋唐时期，我国各民族之间的交流交往交融发展到一个新的历史高度，"大一统"的民族观念进一步发展。

突厥人内迁中原后，"全其部落，顺其土俗，以实空虚之地，使为中国蔽"，其社会结构和风俗习惯等并未发生改变，即使定居在长安的突厥人也不是马上被同化，而是在很长一段时间内保留了本民族的生活习俗，这些习俗在汉人中传播开来，形成风靡一时的潮流。诸如突厥的胡笛歌舞、服饰帷帽、语言词汇等，都在长安城中流行过一段时间。如唐太宗长子李承乾引突厥达官支（又译为可达支，即"伴侣"之义）入宫内，"又使户奴数十百人习音声，学胡人椎髻，剪彩为舞衣，寻橦跳剑，鼓鞞声通昼夜不绝。造大铜炉、六熟鼎，招亡奴盗取人牛马，亲视烹燖，召所幸厮养共食之。又好突厥言及所服，选貌类胡者，被以羊裘，辫发，五人建一落，张毡舍，造五狼头纛，分戟为阵，系幡旗，设穹庐自居，使诸部敛羊以烹，抽佩刀割肉相啖"[1]。身为皇子的李承乾对突厥人的生活习俗非常迷恋，竭力模仿，甚至梦想"将数万骑到金城，然后解发，委身思摩，当一设，顾不快邪"。连自幼受诗书礼教培养的李承乾都深受突厥习俗的影响，足见其影响力。又如崔令钦《教坊记》中记载：唐代教坊妇女"学突厥法"，性格相投的姐妹效仿男子约为香火兄弟，八九人一伙，"有儿郎聘之者，辄被以妇人称呼——即所聘者，兄见呼为新妇，弟见呼为嫂也。""儿郎既聘一女，其香火兄弟多相奔，云学突厥法，又云我兄弟相怜爱，欲得尝其妇也。

1　《新唐书》卷80《太宗诸子传》，中华书局，1975，第3564页。

者知亦不妒，他香火即不通"。这种数个女子共同拥有一个男子的习俗，正是当时男女关系"突厥化"的佐证。正如向达先生所说："当时突厥势盛，长安突厥流民又甚多，以至无形之间，习俗也受其影响也。"[1]

突厥对中原地区的影响表现在很多方面。唐朝都市和军州中搭建带有浓厚突厥色彩的天蓝色毛毡帐篷是非常普遍的现象，例如唐代著名诗人白居易就曾在自己的庭院中搭了两顶天蓝色的毛毡帐篷，他在毡帐中招待客人，并得意地向他们说明这种毡帐如何保护人免受冬日寒风的折磨。汉人穿戴胡服帷帽，中原男性受由突厥传入樗蒲（博戏，即赌博）游戏的影响较深；中原女性受突厥"女子好蹴鞠"风俗的影响，也流行起富有女子特点的"驴鞠""步打球"等活动。突厥语言也被汉人大量使用，如"特勤""胭脂"等均是突厥语演化。突厥乐舞也对中原舞蹈产生了一定影响，如胡旋舞，因其旋转快速、舞姿优美，自传入中原以来，引得民众争相效仿学习。史载："（武）延秀久在蕃（突厥）中，解突厥语，常于主第，延秀唱突厥歌，作胡旋舞，有姿媚，主甚喜之。"武则天时期，外戚大臣武延秀亲往突厥迎亲，反被默啜可汗所拘，沦落漠北数年，归来时他已通晓突厥语，善跳胡旋舞，并推崇突厥歌舞在中原广泛传播。此外，当时流行的《破阵乐》《胡僧破》《突厥三台》《突厥盐》《阿鹊盐》等乐舞，均有取材于突厥乐舞的成分。

突厥的丧葬习俗也对中原的影响较大。李承乾"身作可汗死，使众号哭剺面，奔马环临之"[2]就是模仿突厥丧葬习俗的例子。剺面割耳、血泪俱流是突厥等游牧民族的悼亡仪式，这种仪式也

1　向达：《唐代长安与西域文明》，三联书店，1957，第44页。
2　《新唐书》卷80《太宗诸子传》，中华书局，1975，第3565页。

被突厥仕唐的官员用于悼念唐皇。如贞观二十三年（649年）五月，唐太宗李世民驾崩，"四夷之人入仕于朝及来朝贡者数百人，闻丧皆恸哭，剪发、劙面、割耳，流血洒地"[1]。又如宝应元年（762年），唐玄宗李隆基驾崩，"蕃官劙面割耳四百余人"[2]。

影响较深的还有昭陵、乾陵前立蕃臣石像。昭陵寝殿前两侧置"十四国君长石像"，据像座题名考证，分别为：突厥颉利可汗、左卫大将军阿史那咄苾；突厥突利可汗、右卫大将军阿史那什钵苾；突厥乙弥泥孰俟利苾可汗、右武卫大将军阿史那思摩；突厥都布可汗、右卫大将军阿史那社尔；薛延陀真珠毗伽可汗（名夷男）；吐蕃赞甫（即松赞干布）；新罗乐浪郡王金真德；吐谷浑河源郡王乌地也拔勒豆可汗慕容诺曷钵；龟兹王诃黎布失毕；于阗王伏阇信；焉耆王龙突骑支；高昌王、右武卫将军麴智勇；林邑王范头黎；婆罗门帝那伏帝国王阿那顺。这些石像"高八、九尺，逾常形，座高三尺许。或兜鍪戎服，或冠裳绂冕，极为伟观"，石像均"深眼大鼻，弓刀杂佩"。昭陵现存七个题名像座、几躯残体和几件残头像块，其中有深目高鼻者，有辫发缠头者，有满头卷发者，有戴兜鍪者，还有头发中间分缝向后梳拢者，但没有出现弓刀杂配者。突厥属于辫发民族，据此判断有辫发者应该是突厥人。关于石像身份，有人认为是"诸蕃君长贞观中擒服归和者"，有人认为属于"蕃臣曾侍轩禁者"。但从石人背后所刻名爵来看，担任唐朝将军、大将军者八人，其余为本国王号或可汗号，这些人中从未入长安者四人，陪葬者二人。雕刻石像的目的是唐高宗"欲阐扬先帝徽烈，乃令匠人琢石写诸蕃君长十四

1　《资治通鉴》卷199《唐纪十五》，中华书局，1956，第6268页。
2　《资治通鉴》卷222《唐纪三十八》，中华书局，1956，第7123页。

人，列于昭陵司马门内"[1]。

昭陵石像残头[2]

唐乾陵六十一蕃臣像，实际上是六十四个石人群雕，在数量上远超昭陵。乾陵蕃臣像大多短袖阔裾、著蹀躞带、束腰佩刀、双足并立，穿六和靴，两手前拱，长发披肩或满头卷发。根据石像背刻的衔名考证，蕃臣像有：故大可汗骠骑大将军行左卫大将军昆陵都护阿史那弥射；十姓可汗阿史那元庆；左威卫将军鹰娑都督鼠尼施处半毒勤德；故右威卫将军兼洁山都督突骑施傍靳；故左武卫将军兼双河都督摄舍提暾护斯；故左威卫大将军兼匐延都督处木昆屈律啜阿史那盎路；吐火罗叶护咄伽十姓大首领盐泊都督阿史那忠节；十姓可汗阿史那斛瑟罗；故左武卫大将军突厥十姓衙官大首领吐屯社利；等等。还有突厥默啜使移力贪汗达干、

---

1 葛承雍：《唐昭陵、乾陵蕃人石像与"突厥化"问题》，欧亚学刊，2002，第 157 页。

2 参见孙迟：《昭陵十四国君长石像考》，《文博》1984 年第 2 期。

默啜使葛暹嗔达干等使臣[1]。在乾陵已知的三十六条蕃臣名衔中，有十一名出自东突厥和西突厥，颇具代表性。由于突厥与唐朝交往密切，常互派使臣、和亲联姻、册封授爵、质子宿卫。因此，突厥在墓前立石人雕像的丧葬习俗完全有可能传到中原，但并未被唐朝全盘接受，而是选择性地吸收了某些习俗。

蕃臣石像[2]

隋朝初期，东突厥归附后，朝贡不断，并且逐渐接受了中原文化。史书记载：开皇六年（586年），隋文帝将新制定的"新历"书颁发授予东突厥。从此，突厥开始接受中原每年的"正朔（即

1　葛承雍：《唐昭陵、乾陵蕃人石像与"突厥化"问题》，《欧亚学刊》2002年。

2　参见中国乾陵网：https://www.zhongguoqianling.com/product/90.html

新年开始之日）及岁时计算方法。隋朝末年，中原大乱，许多隋朝百姓流亡至突厥境内，在突厥境内的汉人"悉隶于政道，行隋正朔，置百官，居于定襄城，有徒一万。"中原的政治制度传到突厥，对突厥社会产生了一定影响，如突厥《阙特勤碑》记载：突厥之訇，弃其突厥各称，承用唐官之唐名，遂服从唐皇，臣事之者五十年。可见唐朝官制对突厥的影响。毗伽可汗之弟阙特勤去世后，唐玄宗不仅派遣使臣吊祭，还亲自为其刻写碑文，命高级工匠为其建陵墓、绘肖像。考古学家发掘阙特勤墓葬时，发现其墓前的雕塑与乾陵藩臣像的形象相同，还发现了莲花纹瓦当（古代房屋瓦头装饰），这些瓦当的材料与中原的建筑材料相同。

阙特勤碑 [1]

1　参见王大方：《突厥〈阙特勤碑〉与〈伽可汗碑〉踏察记》，《碑林集刊》2002 年。

隋唐时期，中原汉人北迁，北方突厥人南移，不同文化之间交流融合。突厥人的生产生活也开始由畜牧经济转为农耕经济。东突厥汗国灭亡后，唐朝安置突厥思结部族于河北代州，都督张俭"劝其营田，每年丰熟；虑其私蓄富实，易生骄侈，表请和籴，拟充贮备，蕃人喜悦，边军大收其利"[1]。这些突厥人由北方草原移居中原，掌握了耕田种植的技术，学会了经营农事，连年丰收，生活富裕。据《太平寰宇记》记载："无五谷，唯有大小麦、青稞、麻米，常以三月耕种，八月九月收获糜。以为饮，又以酿酒，麦有步磑为面。阿热食兼饼饵，其部下则唯食肉及马酪而已。"[2]北方草原的突厥人也受由中原迁徙至突厥境内汉人的影响，同样学会了农业种植技术。《旧唐书》所载，"遂尽驱六州降户数千帐，并种子四万余硕，农器三千事以与之"[3]。圣历元年（698年），默啜可汗除了向唐朝请求和亲之外，还提出放还六州突厥降户并请赐农具和种子，得到武则天的恩准，这表明当时的突厥部族已经有相当一部分人口开展农业生产活动。相较于畜牧业的产出，先进的农业生产技术带来的社会物质财富明显更多，可以养活更多的人口。

从贞观初年开始，突厥人就与北方边地的汉人交错杂居，逐渐掌握了农耕纺织技术，突厥人的衣着习惯和饮食方式也受到不同程度的影响，"缯絮无乏，咸弃其毡裘……今岁月已积，年谷屡登……菽粟有余，靡资于狐兔"。"禾黍菽粟"逐渐取代了"食肉饮浆"，突厥人的饮食习惯开始多元化。

1　《旧唐书》卷83《张俭传》，中华书局，1975，第2775页。
2　《太平寰宇记》卷199《黠戛斯传》，中华书局，2007，第3829页。
3　《旧唐书》卷194上《突厥上》，中华书局，1975，第5168—5169页。

　　不同文化之间的交流融合从来不是单方面的，游牧文化在给农耕文化带来冲击的同时，也受农耕文化影响出现了新的变化。中原王朝在与突厥长期交往的过程中，双方在政治、经济、文化等方面广泛交往交流交融，推进了"你中有我，我中有你，谁也离不开谁"的中华民族命运共同体的形成。

中编　营州城旁走契丹
——隋唐时期的契丹

　　契丹早在 4 世纪就闻名中原，作为松漠草原上被东北诸部族所羡慕的强盛部族，频繁与中原政权接触。北朝时期，契丹与库莫奚为邻。北魏灭亡后，西北地区的柔然逐渐强大，契丹与库莫奚均沦为其属部。此时，契丹的活动空间受到东北边疆的高丽政权挤压，被迫向南迁徙，成为活跃在营州（今辽宁省朝阳市）左近地区的松漠诸族之一。

一、隋唐营州与契丹赴塞

　　6 世纪，北方草原上的突厥部族崛起。522 年，突厥消灭柔然汗国，建立突厥汗国。据《周书·突厥传》记载，突厥所控制的区域为"东自辽海以西，西至西海万里，南自沙漠以北，北至北海五六千里"。"辽海"泛指辽河流域以东至海地区，突厥汗国在此置"设"（突厥官号，或译"察"或"杀"）为统兵官，负责管理奚、霫、契丹、室韦诸部的征税事务。除此之外，突厥还派遣官吏分别到松漠诸部实行直接管理。

为遏制突厥的扩张势力，隋朝在漠北对突厥采取了"远交近攻"的分化政策，契丹自然成为其拉拢的对象。自开皇年间开始，隋朝与契丹的交往逐渐加深。《隋书》有载，开皇四年（584年）五月，"契丹主莫贺弗遣使请降，拜大将军"。同年九月，契丹内附。隋文帝采取的措施是让契丹居其故地，这部分契丹人继续活动在大凌河流域，与突厥接壤。其后又有契丹别部出伏等背叛高丽，率众内附隋朝，隋文帝纳之，"安置于渴奚那颉之北"，渴奚那颉之北位于今内蒙古自治区赤峰市，至此契丹部落重新聚合。到"开皇末，其别部四千余家背突厥来降"，此时的隋朝与突厥（启民可汗当政）关系缓和，为了安抚突厥，"悉令给粮还本，敕突厥抚纳之"。但是归附的契丹部众"固辞不去"，驻牧于营州附近。此时契丹主体部落的活动范围大约集中在老哈河流域，以营州为中心，与隋朝关系往来密切。除岁贡之外，隋朝也允许归附的契丹人在营州与周边进行往来贸易，朝廷行使抚慰、监管职权。史书记载，隋末右武卫大将军李景驻守辽东时就曾抚慰营州附近的东北诸部落，李景被害后，契丹、靺鞨等部素感其恩，闻之莫不流涕，也足证此时契丹与隋朝交往的密切。

（一）营州

唐朝是契丹发展的重要时期，因驻牧地在营州附近，契丹地区与中原的交往交流交融得到了进一步加强。

营州地处辽西，治所位于今辽宁省朝阳市。先秦时期称柳城；战国时，燕置塞上五郡，柳城属辽西郡；汉朝时，柳城为辽西郡西部都尉治所，后被三郡乌桓据为统治中心；342年，前燕慕容皝以"柳城之北、龙山之南"营制宫庙，建都名为龙城；十六国时期，前燕、后燕、北燕立国88年期间，龙城为"三燕"都城长达52年；太延二年（436 年），北魏灭北燕，"及开辽海，置戍和龙"，以和龙为中心控制包括契丹、奚在内的东北诸部落。和龙、密云一线也成为契丹等北方少数民族与北魏贸易往来的前沿地带；隋文帝时复以其地为营州，隋炀帝时废州置辽西郡，唐时复为营州。

营州及其左近地区位于蒙古高原东端南缘，地势西北高、东南低，从高原过渡到滨海。其间丘陵、平原横布，河流纵贯，土地肥沃，适宜多种经济生产方式，自古以来就是游牧经济与农耕经济的交错地带。有学者指出，营州是"华夏族群与东夷族群、东胡族群交融、碰撞、接触的核心地域"。[1] 营州治所柳城，西北与奚接界，北与契丹接界，与室韦、靺鞨诸部距离较近，远者六千里，近者二千里。可见，营州作为东北地区连接华北平原与北方草原的重要枢纽，辖区及左近地区形成了网络严密、四通八达的交通路线。严耕望在《唐代交通图考》中指出，出渝关东北行四百八十里至营州治所柳城。此为东北出塞交通之最主要干线。此外，自营州东北行九十里至契丹界，四百里能到达契丹牙帐，自契丹牙帐又有可通靺鞨、室韦等部的通道；自营州西北逾松陉岭、渡老哈河，三百里可至奚王牙帐，自奚王牙帐向北又可通霫、突厥、室韦等部；自营州向东有辽东道，可至安东都护府。可见，营州不仅是北方诸民族之间交流互通的中心，也是中原与北方少数民族交流交往交融的前沿与核心地带。

《新唐书》中称，"营州所管契丹、奚、霫、靺鞨诸蕃，皆邻接境"。可见唐朝时期，营州及其左近地区是为数众多的契丹、奚、靺鞨、室韦、粟特、突厥等诸部聚居集散的中心。营州作为唐朝东北边疆的军政重镇，不仅发挥着维护唐朝东北边疆稳定的

1　王禹浪：《三燕故都古朝阳的历史、文化与民族融合》，《黑龙江民族丛刊》2007 年第 3 期。

作用，也担负着管理边疆少数民族政权的重任。

（二）契丹赴塞

隋朝末年，中原陷入混战，崛起于北方草原的突厥日益强大，控制了契丹人活动的松漠草原。唐初，东突厥汗国的势力仍然强大，不仅松漠诸部，一些地方割据势力也依附突厥。唐朝在初期主要取了"挟两蕃以制突厥"的策略，设置辽州、营州两个总管府经营辽西。随着突厥分裂、势力收缩，契丹、奚、靺鞨等部遂摆脱其控制纷纷归附唐朝。武德四年（621年），契丹内稽部首领孙敖曹与靺鞨首领突地稽俱遣使内附，唐高祖随即诏令其于营州城傍安置，并任命孙敖曹为云麾将军，行辽州总管等职衔。据此形成的辽州、归诚州都归属营州城管理。2003年，在辽宁省朝阳市出土的《孙则墓志》中，称其先世为"营州柳城人……武德四年，起家辽州总管府典签"。但此时，并非全部契丹部落都完全摆脱了突厥的控制。因此，史籍中屡见唐初契丹入寇平州、契丹随突厥入寇幽州、契丹寇北平等契丹侵犯唐朝边境的军事行为记载。

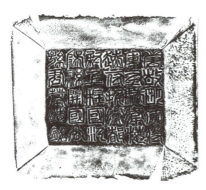

孙则墓出土墓志志盖、志石[1]

1　参见辽宁省文物考古研究所、日本奈良文化财研究所：《朝阳隋唐墓葬发现与研究》，科学出版社，2012，15—16 页。

贞观初年，唐太宗对东突厥汗国采取了"静以抚之"的策略，激化了东突厥小可汗（突利可汗）与大可汗（颉利可汗）之间的矛盾，加之漠北草原上的薛延陀（中国北方古代民族，原为铁勒诸部之一，隋唐之际受突厥役使，此时的薛延陀已脱离东突厥控制，于627年建立了薛延陀汗国）、回鹘等相继背叛突厥而出，突厥的实力被大大削弱。于是，契丹等松漠诸部乘此机会，摆脱了突厥的控制，主动归附唐朝。据《唐书》记载，贞观二年（628年），契丹首领李摩会率领部众摆脱突厥控制，归附唐朝，受到唐太宗的接受和认可。

　　但是，此次契丹部众赴塞的举动引起突厥的极大不满。在颉利可汗看来，契丹及松漠诸部归附唐朝代表突厥在东部统治的失败。《新唐书·契丹传》中记载了颉利可汗就契丹问题与唐太宗的一次交涉：为了恢复对契丹及松漠诸部的掌控，颉利可汗派出使者向唐太宗提出要求，愿意以梁师都的地方割据势力为筹码交换契丹。梁师都本是夏州朔方(今陕西省榆林市靖边县白城子)人，世代为本郡豪族，隋朝时期曾出任鹰扬郎将。隋末天下大乱，梁师都乘机拥众自立，僭称皇帝。为了站稳脚跟，梁师都还接受了始毕可汗所赐狼头大旗，并受封为"大度毗伽可汗""解事天子"，勾结突厥侵扰中原。唐朝建立后，梁师都地方割据势力的存在继续威胁到唐朝北部边疆的安全稳定。颉利可汗认为，以梁师都为筹码交换契丹，是帮助唐廷兵不刃血消灭梁师都的威胁，肯定能得到唐太宗的肯定。但是，唐太宗认为契丹跟突厥本来就是两个不同的民族，并无统属关系，现在契丹已投附唐朝，突厥过来索要没有任何道理。而梁师都势力本就是唐朝的户籍，占据唐朝境内的州县为乱一方。唐朝派兵平乱，突厥无故出兵援救，如此庇护乱民，本就无理至极。以唐朝现在的实力，平定叛乱、消弭祸患本来就十分容易，即便短时间内无法彻底肃清乱民，那也绝对不会用契丹作为交换的筹码。因此，唐太宗断然拒绝了颉利可汗的要求。由此可见，唐太宗已将归附的契丹部众视为唐朝的子民予以庇护，并后续对其实行了辟地设州的安置措施。

贞观三年（629年），李摩会入朝，唐太宗诏赐鼓、纛（大旗），由是有常贡。据学者研究认为，原本出于军事用途的旗鼓，在契丹建立辽国之前具有重要的政治作用，是契丹可汗象征其权力的标志物。而唐朝将"鼓纛"赐予北方少数民族是羁縻政策的重要组成部分。唐廷将象征契丹部落权力的鼓、纛赐予李摩会，即从中央政权的角度赋予李摩会代表唐朝统治契丹部落联盟的权力。

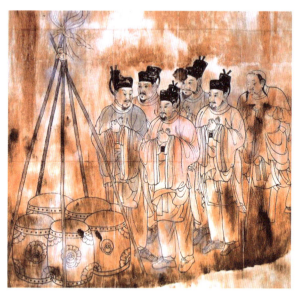

库伦旗1号辽墓墓道北壁出行图中的"鼓"[1]

1　参见徐光冀、汤池、秦大树、郑岩：《中国出土壁画全集·内蒙古》，科学出版社，2012，第175页。

库伦旗 6 号辽墓壁画中的"旗"[1]

同年秋，唐太宗命大将李靖统兵十万大举讨伐突厥。突厥大败，颉利可汗被俘，东突厥汗国灭亡。至此，唐朝基本实现了对自阴山北至大漠的广大地域的控制。唐太宗名震四夷，中原周边各部族纷纷诣阙请上为"天可汗"。虽然薛延陀取代突厥继续控制包括契丹等松漠诸部在内的辽西走廊，但一部分契丹与松漠诸部纷纷朝贡唐朝，使者往来络绎不绝。对于归附的东北诸部，唐朝采取设州安置的措施。其实，早在隋朝开皇年间，隋文帝就曾设玄州以安置归附的契丹李去闾部落。唐朝所设用以安置归附松漠诸部的州，大多都隶属营州。

1　参见徐光冀、汤池、秦大树、郑岩：《中国出土壁画全集·内蒙古》，科学出版社，2012，第 198 页。

　　《旧唐书·地理志》中记载："营州上都督府，隋柳城郡。武德元年，改为营州总管府，领辽、燕二州，领柳城一县。武德七年，改为都督府，管营、辽二州。贞观二年，又督昌州。贞观三年，又督师、崇二州。贞观六年，又督顺州（贞观四年平突厥，以其部落置）。贞观十年，又督慎州。"实际上，营州总管府下辖安置东北诸部的州远多于上述史料记载。如：威州（武德二年，置辽州总管，自燕支城徙寄治营州城内。武德七年，废总管府。贞观元年，改为威州，隶幽州大都督。所领户，契丹内稽部落）、慎州（武德初置，隶营州，领涑沫靺鞨乌素固部落）、玄州（隋开皇初置，处契丹李去闾部落）、崇州（武德五年，分饶乐郡都督府置崇州、鲜州，处奚可汗部落，隶营州都督）、夷宾州（乾封中，于营州界内置，处靺鞨愁思岭部落，隶营州都督）、师州（贞观三年置，领契丹室韦部落，隶营州都督）、鲜州（武德五年，分饶乐郡都督府奚部落置，隶营州都督）、带州（贞观十九年，于营州界内置，处契丹乙失革部落，隶营州都督）、黎州（载初二年，析慎州置，处浮渝靺鞨乌素固部落，隶营州都督）、沃州（载初中，析昌州置，处契丹松漠部落，隶营州都督）、昌州（贞观二年置，领契丹松漠部落，隶营州都督）、瑞州（贞观十年，于营州界内置，处突厥乌突汗达干部落，隶营州都督）。

　　可见，营州都督府作为唐廷主要经营、管理辽西地区的机构，辖区内以安置东北诸部所设州的情况为：处契丹者有威州（武德二年处契丹内稽部落）、玄州（隋开皇初置，处契丹李去闾部落）、师州（贞观三年置，领契丹室韦部落）、昌州（贞观二年置，领契丹松漠部落，载初中，又析出沃州）四州；处奚部落者有崇州、鲜州二州；处突厥者有顺州、瑞州二州；等等。其辖境内不仅是北方少数民族与中原接触的前沿，还是诸多民族杂居共处的核心地带。伴随唐朝设州安置举措的实施，契丹等部族逐渐发展成为唐朝巩固边境的重要军事力量。如贞观十八年（644年），唐太宗征伐高丽，营州都督张俭率幽、营兵以及契丹、奚等部从征。唐太宗军行至营州时，还亲自会见了契丹部落首领及老人等，抚慰部众。

贞观十九年（645年），控制辽西走廊的薛延陀趁唐太宗亲征高丽之机，入侵朔方郡，被唐军打败后内乱不止。贞观二十年（646年），唐朝出兵灭薛延陀，原依附其势力的漠北诸部纷纷内附，尚未归附的契丹诸部也在此契机下投附唐朝。贞观十九年（645年），契丹乙失革部落内附，唐置带州以处其民；贞观二十年（646年），契丹纥主曲据部落内附，唐置玄州以处其民。贞观二十二年（648年），契丹大贺氏部落联盟的首领窟哥举部内附，契丹诸部落与唐朝的关系从此进入了一个新的发展阶段。

二、羁縻管理与松漠都督

（一）羁縻管理

《新唐书·地理志》中记载："自太宗平突厥，西北诸蕃及蛮夷稍稍内属，即其部落列置州县。其大者为都督府，以其首领为都督、刺史，皆得世袭。虽贡赋版籍，多不上户部，然声教所暨，皆边州都督、都护所领，著于令式……大凡府州八百五十六，号为羁縻云。"[1]唐朝建立后，在地方控制体系上，分为正州和羁

---

[1] 《新唐书》卷43下《地理志七下·羁縻州》，中华书局，1975，第1119—1120页。

縻府州两大系统。对于归附的周边少数民族部落，唐朝主要采取设置州县的统治政策。唐廷根据归附部族的规模确定级别，其中部落规模较大的设置都督府，任命其原部落联盟长、部族首领为都督、刺史等官职，并保留其部落原有的世袭权力。这就是唐朝用以治理归附少数民族部落的羁縻府州制度。

事实上，这种羁縻制度是中原王朝统治周边少数民族的传统政策。早在先秦时期，就已经存在对周边少数民族"因俗而治"的理念。如《礼记·王制》中倡导对周边少数民族采取"修其教不易其俗，齐其政不易其宜"的统治政策。秦汉以后，历代中原王朝基本沿袭了这一统治政策，对周边少数民族采取任命其部落首领为州刺史、郡太守和县令等官职，并由朝廷派遣官员进行监理。

唐朝国力强盛，气度斐然。唐初，朝廷在处置周边归附的少数民族部落时，采取了设置羁縻府州的政策，而羁縻府州制度实际上就是唐朝在历代王朝管理模式基础上的进一步发展。很多学者认为，因为李唐皇室拥有胡人血统，所以唐朝的民族政策呈现出恢宏博大的气象。正如唐太宗所宣称"自古皆贵中华，贱夷狄，朕独爱之如一"那样，唐朝对归附的诸少数民族部落都采取了开放包容的政策，使得诸部皆视唐朝"如父母"。这种"华夷如一"的民族观念，是唐朝政治和文化高度自信的表现，唐太宗也因此被周边少数民族尊为"天可汗"。《全唐文》中收录的唐开元名相张九龄敕平卢使乌知义书记载："勅平卢节度营州都督乌知义……契丹及奚一心归我，不有将护，岂云王略。"由此可见，在对待归附少数民族的问题上，唐朝自上而下形成了抚纳、庇护的统一认识，以广博的胸襟、兼容并包的态度，进一步壮大了恢宏的盛唐气象。

唐朝大规模设置羁縻府州统治归附少数民族开始于贞观年间。唐太宗平定东突厥，遂将归降的数十万突厥部众置于朔方，自幽州至灵州置顺、佑、化、长四州都督府。又分颉利（东突厥可汗）之地六州，左置定襄都督府，右置云中都督府，以统其部众。此后，唐灭薛延陀，唐太宗亦设六府七州安置内附的铁勒诸姓部落。羁縻府州安置的少数民族部落，通过羁縻机构保持与唐朝的隶属关系，承担向皇帝朝贡、听从中央政令的义务，但其部族户籍不入唐朝编户，也不用向中央户部缴纳赋税。虽然归附部落的长官名义上需要由朝廷册立，但各部族都可以按其传统处理族内事务，所谓"全其部落，顺其土俗"。这种既保持隶属关系，又尊重少数民族生活方式和文化习俗的管理方式，受到归附少数民族部落的欢迎，吸引周边未归附少数民族部落不断内附，羁縻府州遂成为唐廷处理内附少数民族事务的重要举措。从唐高祖到唐玄宗时期，松漠草原地区有所谓"突厥之别部及奚、契丹、靺鞨、降胡、高丽隶河北者，为府十四，州四十六"的羁縻府州设置规模。

营州地处松漠草原、东北平原、华北平原交会处，西北有契丹、奚，东北有渤海、靺鞨，辖区内交通路线四通八达，地理位置十分优越，遂成为唐廷招徕、抚纳包括契丹、奚等在内的东北诸部落的核心。为了适应实际管理需求，唐朝相继设置营州总管府（618年～623年）、营州都督府（624年～740年）、平卢节度使府（719年～761年）等官署机构。除管理东北边疆正州之外，还肩负统辖管理城傍羁縻州（如崇州、归诚州、辽州等）和监管羁縻府州（如松漠都督府、饶乐都督府等）的军政事务重责。唐玄宗曾说："我国家顷有营州，兹为庑障，使北戎不敢窥觎，东藩由其辑睦者久矣。"[1] 既肯定了营州在唐朝东北边疆的边防作用，也重申了营州在抚慰边疆少数民族部落方面发挥的作用。其中，营州抚纳、管理的重点又是以契丹、奚为首的东北诸部。营州之乱后，唐廷将营州都督府迁往幽州渔阳。直到开元年间，契丹、奚与唐朝和亲、遣子入侍后，唐玄宗才在柳城复置营州都督府。

依据唐朝制度，营州都督府对契丹、奚、室韦、靺鞨等族负有监管、抚纳之责。如贞观年间唐太宗灭突厥，当时营州都督薛万淑就派遣契丹首领贪没折去游说东北诸夷，并取得了奚、霫、室韦等十余部皆内附的效果。[2] 开元二十二年（734 年），契丹首领之一李过折与"分掌兵马"的契丹衙官可突于不合。在幽州（此时营州都督府由幽州都督府统辖）长史张守珪的暗中支持下，李过折夜斩可突于、屈剌（契丹首领之一）及其党羽数十人。开元二十三年（735 年），唐朝拜李过折为北平郡王、任命其为松漠府都督。在唐玄宗亲敕李过折书中，称"卿可与张守珪量事处置，务逐便宜。今既一家，爱同赤子，惟其所欲，随事抚存。"[3] 其中，"今既一家，爱同赤子"延续了唐朝对归附诸部族的一贯政策，表达了汉契一家、一视同仁的态度。而"量事处置，务逐便宜"既表达了唐朝要求时任幽州节度使的张守珪妥善安抚降附的李过折之意，又申明了"惟其所欲"的优抚原则。

唐朝前期，王朝气度斐然，诸族歆羡，朝贡贸易往来十分频繁。《旧唐书·奚传》中记载："其每岁朝贺，常各遣数百人至幽州，则选其酋长三五十人赴阙，引见于麟德殿，赐以金帛遣还，余皆

1　《唐大诏令集》卷 99《置营州都督府制》，学林出版社，1991，第 453 页。
2　《资治通鉴》卷 193《唐纪九》，中华书局，1956，第 6082 页。
3　张九龄：《曲江集》，商务印书馆，1983，第 134 页。

驻而馆之，率以为常。"可见，作为诸部族出入唐朝边境的交通枢纽，营州负有勘验、核准往来蕃客，以及承转羁縻府州朝贡物品的职责。

（二）松漠都督府

据新旧《唐书》记载，贞观年间契丹窟哥等部内属唐朝，为了便于管理，唐廷设置了松漠都督府，任命窟哥为左领军将军兼松漠都督，使持节十州诸军事，赐李姓。窟哥也被称作李窟哥，其后代就是唐朝时期的李姓契丹。

《资治通鉴》中记载，万岁通天元年（696 年），契丹大贺氏部落联盟首领、松漠都督李尽忠以及归诚州刺史孙万荣因不满东夷校尉、营州都督赵文翙的压迫而率部起义，史称"营州之乱"。而松漠都督府、归诚州皆居于营州城侧，可见松漠都督府与营州的隶属关系。贞观年间，除设置松漠都督府外，唐廷"复置东夷都护府于营州"，统辖松漠地区，设置东夷校尉。东夷校尉并非唐朝首创，《后汉书·百官志》中"护乌桓校尉"条记载，李贤注引《晋书》："汉置东夷校尉，以抚鲜卑"。此后，东夷校尉作为中原王朝管理东北少数民族事务的官职，历代均有设置。如《晋书》中记载，魏置东夷校尉，居襄平。唐初恢复东夷校尉，重设东夷都护府，目的就是统辖和管理安置内附少数民族而设置的羁縻府州。东夷都护府设于营州，营州于武德元年（618 年）由柳城郡改为营州总管府，武德七年（624 年）改为营州都督府，本身职能中就包括了对契丹、奚等东北少数民族部落的统辖。因此，东夷校尉基本由营州都督兼任，如唐太宗时期，营州都督张俭即兼任东夷校尉，对内附诸部行使抚慰、征讨、叙功等职能。《册府元龟》外臣部征讨门下中录有贞观十八年七月的诏书，其中提到营州都督张俭"率幽营二都督府兵马及契丹、奚、靺鞨，往辽东问罪"之事，即契丹、奚等内附诸部履行从征义务。唐玄宗在《赐契丹衙官静柝军副大使可突干书》中要求契丹衙官静析军副大使可突于，"动静与宋庆礼等筹度，勿失事理"。此处宋庆礼即为时任的营州都督，负有监管契丹的职责。唐朝中后期，营州都督府、东夷都护府被撤销后，曾由幽州统辖松漠都督。开元年间，唐玄宗以平卢军节度使兼押两蕃、渤海、黑水四府经略处置使，其中两蕃即契丹与奚。天宝年间，范阳节度使、平卢节度使分别管理东北诸蕃事，如《资治通鉴》中记载，范阳节度使临制奚、契丹，承担了统辖、抚慰契丹诸部的职责。另《新唐书·安禄山传》中记载："天宝元年，以平卢为节度，禄山为之使，兼柳城太守，押两蕃、渤海、黑水四府经略使。"[1]宝应元年（762年），范阳节度使复为幽州节度使，兼卢龙节度使，押契丹、奚两蕃使此后便由幽州、卢龙节度使兼领。如《旧唐书·德宗纪》中就有以原涿州刺史刘怦为幽州卢龙节度副大使，兼押奚、契丹等军使的记载。

关于松漠都督府的建置。依据新旧《唐书》所载，唐初因袭旧制设有都督府，以辖州数分为大、中、下三等，其中以十州规模为上，称大都督府。从前文述及的唐朝封窟哥使持节十州诸军事可知，松漠都督府具有辖十州的规模，应属大都督府。新旧《唐书》所记略有差异，大体其府内设官分职情况为：都督一人，从二品；长史一人，从三品；司马二人，从四品下；录事参军事一人，正七品上；录事二人，从九品上；功曹参军事、仓曹参军事、户曹参军事、田曹参军事、兵曹参军事、法曹参军事、士曹参军

1 《新唐书》卷225上《安禄山传》，中华书局，1975，第6412页。

事各一人，正七品下；参军事五人，正八品下；市令一人，从九品上；文学一人，正八品下；医学博士一人，从八品上。[1] 窟哥作为松漠都督，主要的职能是掌督诸州兵马、甲械、城隍、镇戍、粮稟，总判府事。[2] 另外，据《新唐书》所载，武德初，唐朝在边要之地置总管以统军，如前文提及的辽州总管、营州总管等。长官加号使持节，与汉代刺史的职掌大体相似。武德七年（624年）改总管曰都督，总十州者为大都督。贞观二年（628年），去"大"字，称"都督"。窟哥被唐朝任命为松漠都督，且加使持节，即为统兵的将领。可见，唐朝实际上从国家制度层面赋予窟哥管理契丹部落联盟军政的大权。此后的松漠都督基本上由大贺氏部落联盟的联盟长担任，唐朝遵循部落选举原则对当选的联盟长册封，授予官职和爵位，给予其合法的政治地位。唐朝对契丹部族内部事务采取不干涉的态度，对松漠都督府监督的重点在于其是否反叛朝廷。只要不触及王朝利益，对于部落内部各方势力的斗争或联盟长的更迭不置可否。如在遥辇氏取代大贺氏的一系列冲突中，卷入其中的郁于、邵固、涅礼等人并未因契丹部落联盟内部权力争夺而遭到朝廷的斥责，其所拥立的部落联盟长也都得到了唐廷的承认，受封为松漠都督。

关于松漠都督府的属官，发现于辽宁省朝阳市的《孙则墓志》

1　《新唐书》卷49下《百官四下》，中华书局，1975，第1314—1315页。（此段记载与旧唐书录职官情况稍异：都督一员，从二品。长史一人，从三品。司马二人，从四品下。录事参军事二人，正七品上。录事二人，从九品上。功仓户兵法士六曹参军事，功士二曹各一员，余曹各二员，并正七品下也。典狱十六人，问事十人，白直二十四人，市令一人，从九品上。丞一人，佐一人，史二人，仓督二人。经学博士一人，从八品上。助教二人，学生六十人。医学博士一人，从八品下。助教一人，学生十五人。）

2　《新唐书》卷49下《百官四下》，中华书局，1975，第1315页。

中记载了其曾经有"押契丹，寻授松漠都督府长史"的仕宦经历。据田立坤先生考证，孙则为武德四年内附的契丹别部首领孙敖曹的属部，并认为孙则的父亲孙会很有可能就是孙敖曹，而孙则与《资治通鉴》中所记契丹首领贪没折也很有可能是同一人。[1]这支孙姓契丹与大贺氏部落联盟之间的关系十分亲密，从孙敖曹、窟哥两人的后代孙万荣与李尽忠之间的关系来看，二者当为互相通婚的部落。孙则能担任松漠都督府中的长史一职，应当是由唐廷任命的。另外，在朝阳地区发现《孙忠墓志》中也记载其曾任松漠都督府司马。这也说明在唐朝时期，除了由朝廷任命部落首领兼任羁縻府州的都督、州县长官之外，对羁縻府州属官也拥有一定的人事任免权力。此外，《王德墓志》中也记载王德先世为太原人，其父曾出任威化主簿，威化即威州（由处契丹内稽部落所置辽州改）属县。此亦说明，羁縻府州的长官由内附少数民族部落首领担任，但是部分属官则由唐廷任命，带有一定的监理色彩。有研究者认为，唐朝对于在羁縻府州内任职的汉官，采取了"给以当土之物"的俸禄形式。[2]

关于松漠都督府下辖州，《新唐书·契丹传》中记载，以达稽部为峭落州；以纥便部为弹汗州；以独活部为无逢州；以芬问部为羽陵州；以突便部为日连州；以芮奚部为徒河州；以坠斤部为万丹州；以伏部分置匹黎、赤山二州。即以契丹大贺氏八部分置九州。而《新唐书·契丹传》又称"以窟哥为使持节十州诸军事"，关于"十州"之数，《辽史·营卫志》进一步诠释："唐世大贺

1　辽宁省文物考古研究所、日本奈良文化财研究所：《朝阳隋唐墓葬发现与研究》，科学出版社，2012，第118页。

2　宋卿：《唐代东北羁縻府州职官考》，《北方文物》2009年第1期。

氏仍为八州，而松漠、玄州别出，亦十部也。""唐大贺氏八部：达稽部，峭落州；纥便部，弹汗州；独活部，无逢州；芬问部，羽陵州；突便部，日连州；芮奚部，徒河州；坠斤部，万丹州；伏部，州二：匹黎、赤山。唐太宗置玄州，以契丹首领据曲为刺史。又置松漠都督府，以窟哥为都督，分八部，并玄州为十州。则十部在其中矣。"但《新唐书·契丹传》中明确记载"大酋辱纥主曲据又率众归，即其部为玄州，拜曲据刺史，隶营州都督府"，且曲据部内附又在窟哥举部内附、唐廷设松漠都督府之前，《辽史》以玄州属松漠都督府未免牵强。

近代学者在研究松漠都督府所辖诸州时，提出唐太宗设松漠都督府，以大贺氏八部分置九州，又以松漠都督府大贺氏为一州，合十州之数。蔡美彪先生根据《新唐书·百官志》中大都督府条的原注："武德初，边要之地置总管以统军，加号使持节……七年，改总管曰都督。总十州者曰大都督。贞观二年去大字"的记载，提出唐朝以契丹八部为置九州，并松漠都督府为十州，显然是为了勉强与此制度相符，以便加封窟哥为松漠都督。[1] 任爱君则提出松漠都督府所辖十州是契丹八部析分九州，再加上契丹曲据部落所在的玄州，弹汗州即为窟哥所属的部落以及松漠都督府治所，因此纥便部又名松漠部落。[2] 虽然诸家观点不同，但可以看到所谓的持节十州，并不是此时的契丹部落由八部变为十部，只是出于对唐朝时期制度规范的遵循，才形成了唐朝时期松漠都督府"一府八部十州"的规模。各州刺史均由契丹部落首领担任，拥有管

1　蔡美彪：《契丹的部落组织和国家的产生》，《历史研究》，1964 年第 1 期。

2　任爱君：《唐朝于契丹部落发展的历史关系——兼谈大贺氏家族的衰微和契丹部落发展的趋向》，《蒙古史研究（第九辑）》2007 年第 2 期。

理本部落军政事务的权力。羁縻州下还设有县一级管理机构，如《杨律墓志》中记载为带州孤竹县人，田立坤先生据贞观十九年唐朝以内附契丹乙失革部落于营州界内置带州羁縻管理，而孤竹为带州属县的史实，认为"后述职北迁，避地柳城"的杨氏应当属于契丹乙失革部落。[1] 此例虽为营州下辖的入内蕃州，但同为羁縻府州设置的松漠都督府下辖诸州，也应与之相类，亦有羁縻县的设置。而《册府元龟》中有开元十四年（726 年）契丹部落刺史出利、县令苏固多等来朝的记载，也为这一观点提供了有利证据。

值得注意的是，松漠都督府所辖的契丹并非囊括了唐朝时期全部契丹部族，在贞观二十二年（648 年）之前内附置州的契丹内稽部、乙失革部、曲据部等，都隶属于营州都督府，《旧唐书·地理志》称其"皆东北蕃胡，散处幽州、营州界内，以州名羁属之，无所役属"。据此可知，这些不在松漠都督府辖下的契丹部众，或是敌对部落，或是从大贺氏八部中流散的部落成员缔结的群体。松漠都督府所辖诸州也并非一成不变，而是随着时代的发展出现新的变化，如：开元四年（716 年），以契丹松漠府弹汗州部落所置的归顺州，隶属幽州都督府；载初中，析昌州所置的沃州，处契丹松漠部落，隶属营州都督；万岁通天元年（696 年），契丹乙失活部内附，隶属松漠都督府；等等。

总而言之，唐朝对于内附的契丹大贺氏部落联盟仍然延续了前朝的策略，设置松漠都督府，以原契丹首领窟哥为松漠都督。这位昔日的部落联盟首领并未丧失对部族的统治，还拥有了一个

---

1 辽宁省文物考古研究所、日本奈良文化财研究所：《朝阳隋唐墓葬发现与研究》，科学出版社，2012，第 120 页。

新的身份——松漠都督，并获得了唐廷赋予的职掌十州诸军事的权力。而松漠都督府下辖诸州，均以其部落长官为各州刺史，掌管本部族事务。

（三）唐朝时期的"海东盛国"

"海东盛国"是对唐朝时期东北地区地方政权——渤海国的美誉。建立渤海国的主体民族是粟末靺鞨与白山靺鞨，他们是生活在东北地区的靺鞨人的一部分。靺鞨是中国古代东北地区的世居民族，传统观点认为其与先秦时期的肃慎、两汉之际的挹娄、魏晋南北朝的勿吉一脉相承。靺鞨东与高丽相接，西与契丹相邻，因其"邑落俱有酋长，不相总一"，故只能依附于周边政权，特别是高丽。隋朝时期，随着中原王朝对北方地区控制的加强，靺鞨等东北诸族多次入隋朝贡。

贞观十九年（645年），唐太宗东伐高丽，攻安市城，击败高丽、靺鞨联军。部分投降的靺鞨人便乘机摆脱高丽的束缚，投附唐朝。唐太宗将大举内附的靺鞨人，一并安置在营州附近地区，从此粟末部与白山部便定居营州，与契丹、奚、室韦等部族杂居共处。

万岁通天元年（696年），契丹李尽忠、孙万荣起兵反唐。粟末靺鞨与白山靺鞨趁此时机脱离唐朝的统治，东走渡辽水，保太白山之东北，阻奥娄河树壁自固，返回其在长白山脚下的故地。其后，粟末靺鞨首领大祚荣兼并白山靺鞨及高丽等部，于牡丹江上游一带据东牟山，筑城以居之。圣历元年（698年），大祚荣"并比羽之众，恃荒远，乃建国，自号震国王"，以东牟山城（今吉林省郭化市敖东城遗址）为国都。712年，大祚荣接受唐朝招抚，表示臣属，去震国国号，改称渤海。先天二年（713年），唐廷遣郎将崔忻去往渤海国册封大祚荣为左骁卫员外大将军、渤海郡王，仍以忽汗州为其统辖范围，加授忽汗州都督。从此以后，渤海国每年皆遣使朝贡。崔忻于 713 年出使渤海国，714 年返回，途经都里镇（今辽宁省大连市旅顺口区）刻石为纪，即《唐鸿胪井碑》。该刻石文字共二十九字，分三行自上而下、自右向左书写：敕持节宣劳靺鞨使鸿胪卿崔忻井两口永为记验开元二年五月十八日。这件文物是渤海国作为地方政权正式隶属于唐朝的见证，也是我国领土统一和民族融合的重要物证。

渤海国建立后，一直与唐朝保持密切联系，政治上接受唐朝的册封，故其政治制度多带有唐朝制度的痕迹。正是由于渤海国上承唐风，其社会经济得到了较大发展，物质文化较为发达。在吸收、借鉴汉文化及东北诸族文化的基础上，创造了以汉文化为核心，又带有地方特色的渤海文化（又称"海东文化"）。因其所处地理位置正是中世纪欧亚大陆草原通道的东端边缘，渤海文化不仅在我国东北地区诸部族中传播流布，同时也沿着丝绸之路深入到草原地区，成为草原文化的组成部分之一。

全盛时期的渤海国拥有五京、十五府，六十二州，一百三十县的规模。渤海五京为：上京龙泉府（忽汗城，今黑龙江省宁安市渤海镇）、中京显德府（学界多倾向在今吉林省和龙市西古城遗址）、东京龙原府（今吉林省珲春市八连城遗址）、西京鸭绿府（今吉林省白江市临江镇古城遗址）、南京南海府（今地不祥，推测在今朝鲜半岛东北部沿海一带）。史称渤海国南与新罗以泥河为界（今朝鲜咸镜南道的龙兴江），西南以鸭绿江之泊汋口（今蒲石河口）和长岭府之南境与唐分界，东面临海，西与契丹为界，东北至黑水靺鞨，西北至室韦，地方五千里。渤海国统辖范围包括今黑龙江省、吉林省的大部、辽宁省的一部分以及朝鲜半岛的西北部、今俄罗斯濒临日本海区域的广大地区。

渤海国与唐朝之间的聘使、朝贡往来十分密切，《新唐书·渤海传》中记载，玄宗时朝献者二十九，大历中，二十五来，建中、贞元间凡四来，元和中，凡十六朝献，长庆四，宝历凡再。终文宗世来朝十二，会昌凡四，咸通时三朝献。其地以长岭府与唐分界，自长岭有营州道也。

三、遣使朝贡与互市和亲

（一）遣使朝贡

作为唐朝羁縻府州制度的重要实施机构，松漠都督府受唐朝统辖，松漠都督受其封册，虽然部落民户不入唐朝户籍，但契丹诸部都要承担相应的遣使朝贡、出兵助战等义务。

所谓遣使朝贡，其中的"朝"是指朝见君主；"贡"按照《禹贡》中所述，即为"从下献上之称"，谓以所出之谷，市其土地所生异物，献其所有。也就是向周边诸部向朝廷贡献特产之物。契丹人所生活的松漠草原及其游牧射猎的生活模式，决

孙则墓出土瓷骑马胡人俑

定了其特产以"名马""丰貂"之属为主。松漠都督府及其下辖诸州都要履行定期朝贡的义务，常规每年选择酋豪（部落首领）数十人赴长安参加朝会，"每引见，赐与有秩，其下率数百皆驻馆幽州"。[1] 如松漠都督李失活、衙官可突于等人都曾亲自入朝，参与唐玄宗时期的重大朝仪活动。《唐会要》中更是记载契丹、奚每岁朝贡，甚至有时一年之中三次入朝。每次入朝都会辅以相应的贡献，而对于各部族朝

孙则墓出土瓷胡人俑[2]

贡的特产，唐朝则以数倍之重回赐。如《册府元龟》中记载契丹在开元八年（720年）的一次朝贡，就得到了唐朝银带物各二千段的回赐。

此外，契丹诸部还要承担为唐朝守边、出兵助战的义务。羁縻府州的设置，很大的一个原因就是"以空虚之地，使为中国扞蔽"。即：将内附的少数民族安置在边境，作为国家边疆的一道防御。因此，松漠都督府也一样需要承担维护唐朝边疆

1　《新唐书》卷219《契丹传》，中华书局，1975，第6172页。

2　参见辽宁省文物考古研究所、日本奈良文化财研究所：《朝阳隋唐墓葬发现与研究》，科学出版社，2012，图七、八。

稳定的职责，并有听令朝廷出兵助战的义务。如唐太宗征高丽，当时的营州都督兼东夷校尉张俭即率领由契丹、奚、靺鞨等部族组成的蕃兵担当先锋。另据学者研究认为，契丹窟哥率部内附唐朝之后，虽获封松漠都督，但松漠都督仍属营州城傍范畴，如《旧唐书》中记载营州之乱时，明确指出契丹首领松漠都督李尽忠即属营州城傍。正因如此，李尽忠才能够与其妻兄归诚州刺史孙万荣，在较短时间内攻陷营州。

此外，松漠都督还有抚慰诸部的职责。唐朝对契丹诸部实行的羁縻政策，基本上是对原契丹大贺氏部落联盟的一种认可。部落联盟长按照契丹部落传统由八部聚议推举一大人建旗鼓、唐朝以政令形式册封其为松漠都督，承认其合法的政治地位。对内，松漠都督也须承担抗灾赈济、繁荣畜牧等抚慰诸部的职责，如《新五代史》中记载，在部落联盟时期，契丹联盟首长称为大人，以旗鼓为标志经过八部集体推举产生。部落联盟长在位期间，如果出现重大灾疾、畜牧衰落的情况，就要由八部聚议，以旗鼓立其次而代之。被代者以为约本如此，不敢争。这即表明契丹部落联盟首领有抗灾赈济、繁荣畜牧的职责，而且因履职不当而被罢免也是契丹部落联盟长更替的重要原则之一。五代时，卢龙节度使刘仁恭盘踞幽州，数次出兵摘星岭攻打契丹，尤其是趁秋霜落，放火焚烧契丹境内野草，导致契丹马多饥死。为了缓和矛盾、减少损失，当时的契丹遥辇氏部落联盟长以良马贿赂刘仁恭求市牧地，并听盟约甚谨。然而，契丹八部普遍认为遥辇不任事，并遵循部落联盟长的更替原则，重新选举，以阿保机代之。对外，松漠都督还要发挥维系与唐朝的藩属关系，合理处置与幽州、营州等地军政长官的关系等政治功能。作为松漠都督，在身份上具有双重性，既是契丹部落联盟的联盟长，也是唐朝对契丹部落实施监管的联络人。因此，历代松漠都督与毗邻的幽州、营州都督以及后来的平卢节度使、押蕃官等往来密切。如前文提及的可突于就与时任营州都督的宋庆礼等有较为密切的接触，李过折还曾借助过当时幽州长史张守珪的力量，消除契丹内部的异己势力。

此外，在接连爆发契丹反叛事件之后，为加强对松漠都督府的控制，唐朝除了进一步密切双方联系外，还对契丹、奚等部实行留宿卫的措施。开元十四年（726 年），"契丹遣大首领李阔池等六人来朝，皆授折冲，留宿卫"；开元二十三年（735 年），"契丹遣使渴胡等来朝，授果毅，留宿卫。"不能随意还蕃的留宿卫，是唐朝对契丹本土部落的招纳、瓦解措施。这些羁縻政策不仅在一定时间内维系了唐朝边疆的安定和平，也加速了契丹部落组织形态的变化。

（二）互市和亲

契丹、奚等北方少数民族以游牧经济为主，单一的经济模式无法满足部族日常生活所需，因此十分渴望中原地区的粮食、布帛、铁器等生产生活用品。中原地区也需要从游牧民族获取牲畜、毛皮等物资。正是基于这样的需求关系，自北魏以来，以契丹为首的东北诸部就保持与中原政权十分繁盛的互市贸易，传统积淀深厚。开放互市也是中原王朝经营边疆的重要手段之一，《册府元龟》中明确指出："互市之设，其怀柔羁縻之旨与，爰自汉初，始建斯议，由是择走集之地，行关市之法，通彼货贿，敦其信义，历代遵守，斯亦和戎之一术也。"唐玄宗也在给突厥的玺书中提及了"甲兵休息，互市交通"，并指出唐朝购买突厥的马、羊，突厥换取了彩帛，使得双方都得到了"便宜"，能够维持长久的和平。

有鉴于此，唐朝时期在边疆地区也开设有大量的互市，其中营州作为东北少数民族部落与中原交通的枢纽和北方草原通道东端的起点，胡商云集、贸易往来，互市贸易十分繁荣。而尚处于营州城傍范畴内的契丹、奚、靺鞨以及粟特、突厥等少数民族，则是互市贸易中不可或缺的重要参与者。唐朝时期设置互市监专门管理中原与各少数民族的互市贸易，如平卢衙前兵马使杨文海就"世掌诸蕃互市"，因其"恩信著明"，获得了诸多少数民族部落的钦佩与仰慕。同时，为了便于与少数民族开展贸易，需要懂得少数民族语言的人员充作沟通翻译，如营州城内就设置通晓诸蕃语言的"互市牙郎"，负责管理互市贸易。历史上赫赫有名的安禄山、史思明皆因出身营州杂胡，懂蕃语而在营州出任互市牙郎。史载安禄山"解九蕃语，为诸蕃互市牙郎"；史思明也"通六蕃译，亦为互市郎"。互市牙郎作为"南北物价，定于其口"的重要角色，是蕃汉互市中不可或缺的中介，在互市贸易中发挥了重要的作用。

在此背景下，营州地区的东西、南北交流频繁，商业贸易十分繁荣，如在辽宁省朝阳市黄河路唐墓中出土的骑骆驼男俑，骆驼双峰间置驮架，驮架中间置驮袋，后置生丝、织物，前左侧置一水壶，右侧悬挂一兽。驮袋上骑坐一人，头发中分，于两鬓编发盘于脑后，浓眉大眼，高鼻深目。身着翻领紧袖衣……下着肥裤，足穿尖头靴。还出土了一件残损的泥人头，面施粉红彩，高鼻深目的面部特征刻画得非常明显。[1]形象地反映了当时营州地区胡商往来、贩运货物贸易的繁荣情景。

辽宁省朝阳市黄河路唐墓出土的骑骆驼男俑、泥俑头[2]

再如，内蒙古敖汉旗李家营子一号唐墓出土的金银器，"均为清一色的产自波斯和粟特的金银器，标志着墓主人生前仍然保持着使用波斯金银器的习惯……墓主人可能是来自营州的波斯或粟特移民。"[3]

---

1 辽宁省文物考古研究所、朝阳市博物馆：《辽宁朝阳市黄河路唐墓的清理》，《考古》2001 年第 8 期。

2 参见辽宁省文物考古研究所、朝阳市博物馆：《辽宁朝阳市黄河路唐墓的清理》，《考古》2001 年第 8 期。

3 张松柏：《敖汉旗李家营子金银器与唐代营州西域移民》，《北方文物》1993 年第 1 期。

敖汉旗李家营子出土的饰鎏金胡人头像银执壶、鎏金银盘[1]

唐代诗人高适的《营州歌》中有言："营州少年厌原野，狐裘蒙茸猎城下。虏酒千钟不醉人，胡儿十岁能骑马。"正是描述了当时营州地区多民族杂居生活的情境。在互市贸易中，契丹诸部以名马、丰貂换取粮食、布帛，不仅丰富了部落的物质生活，同时也密切了契丹诸部与唐朝之间的经济关系。1981 年发现于内蒙古自治区赤峰市林西县境内的一处铜钱窖藏中，就出土了自战国时代的"一刀"至辽代末帝耶律延禧"天庆元宝"（1120 年）在内的大量铜钱。其中，唐钱有"开元通宝""乾元重宝""会昌开元"等，是契丹等北方少数民族自古以来与中原之间保持贸易往来的例证。

唐朝还奉行与少数民族和亲的政策，通过联姻安抚少数民族地方政权以达到巩固统治和维系边疆稳定的目的，唐太宗明确表示"亦既生子，则我外孙，不侵中国，断可知矣！以此而言，边境足得三十年来无事"。对于内附的契丹诸部，唐朝也延续了这

1　参见张景明：《中国北方草原古代金银器》，文物出版社，2005，图69、70。

一政策，契丹部落联盟的首领松漠都督就是唐朝和亲的主要对象。

据史料记载，开元三年（715年），契丹诸部在大贺氏部落联盟长李失活的带领下，背离突厥再次归附唐朝。唐玄宗不仅复置了松漠都督府，下诏封赐李失活为松漠郡王，拜左金吾卫大将军兼任松漠都督，而且还在次年册封宗室外甥女杨氏为"永乐公主"，嫁给李失活为妻。

开元十年（722年），新任的契丹部落联盟长李郁于再申盟好，入朝请婚。唐玄宗又封从妹夫率更令慕容嘉宾之女为燕郡公主，和亲契丹，仍册封李郁于为松漠郡王，拜左金吾员外大将军兼任静析军经略大使，并赐物千段。为防止家族内部财产的转移，契丹族也长期流行烝报婚俗。唐朝的和亲公主在下嫁之后，也需遵从少数民族部落的习俗。如在李郁于病死之后，其弟咄于不仅继任了部落联盟长，承袭了松漠都督、松漠郡王的官职爵位，还续娶了唐朝和亲的燕郡公主为妻。但是，由于咄于与可突于之间的矛盾升级，时失势的咄于在开元十三年（725年）携燕郡公主归附唐朝，唐朝改封其为辽阳郡王，因留宿卫。

可突于逼走咄于之后，拥立大贺窟哥的孙子邵固为首领，并得到唐廷的默许，不仅封赐爵位，还封皇从外甥女陈氏为东华公主以妻之。后可突于杀邵固，率部落并胁迫部分奚族归降突厥，东华公主则乘机摆脱契丹，投奔唐朝平卢军。

与契丹有着密切亲缘关系的奚族，同样也是唐朝实施和亲政策的对象。史书记载，"武德中，奚人即有遣使朝贡唐朝之举"。随后，在唐初松漠诸部纷纷摆脱突厥势力归附唐朝的背景下，奚族在贞观三年（629年）也逐渐摆脱了突厥的控制，开始向唐朝遣使朝贡。其后，唐朝在设置契丹松漠都督府的同时，也设置了饶乐都督府以羁縻管理归附的奚族部众。

饶乐都督府，得名于饶乐水（今西拉木伦河），据此可知当时的奚族以西拉木伦河流域为活动中心。饶乐都督府故址位于内蒙古自治区赤峰市林西县双井店乡西樱桃沟村东，北依群山，南靠西拉木伦河。

《新唐书》中称奚族首领可突者"使持节六州诸军事"，即饶乐都督府下分设六州，其中以奚五部分置为五州：弱水州（阿会部）、祁黎州（处和部）、洛瑰州（奥失部）、太鲁州（度稽部）、渴野州（元俟折部），以五部酋帅为刺史。另外，奚族部落联盟首领可突者之部又为一州，全六州之数。同契丹情况相似，饶乐都督府辖下也并非囊括全部奚族。据新、旧《唐书》记载可知，营州下设有三个以安置内附奚族的州：崇州（北黎州）、鲜州、顺化州。

其后，奚族势力有所壮大，与契丹并称"两蕃"，成为唐朝羁縻的东北诸部中最为重要的势力之一。万岁通天年间爆发营州之乱时，奚族也随之而起。朝廷为了消灭叛乱采取了联合突厥进行南北夹击的策略，遣使册封突厥默啜可汗为骠骑大将军、上柱国、遣善可汗。突厥遂趁机率军袭击松漠，掠夺了大量财物和契丹部众而去，其中包括李尽忠、孙万荣的家人。后来，营州之乱虽以契丹失败而落幕，但契丹、奚部众却大多归降突厥。后来的史书中屡有奚族寇边的记载，如延和元年（712 年），唐朝曾以左羽林卫大将军幽州都督孙佺、左骁卫将军李楷洛、左威卫将军周以悌率兵十二万，分为三军袭击奚部。但被奚族首领李大酺率军打败，唐军将领孙佺、周以悌被擒后献于突厥默啜可汗。由此可知，此时期奚族依附突厥，与唐朝关系十分紧张，饶乐都督府基本上无法履行其羁縻职能。

直到开元二年（714 年），奚族首领李大酺派遣大臣出使唐朝请求归附，二者的关系再度恢复。唐朝册封李大酺为饶乐郡王，拜左金吾员外大将军、饶乐都督。唐玄宗还下诏以宗室女辛氏封固安公主，嫁于李大酺。后来，李大酺在与契丹可突于的冲突中死去，奚族部落联盟长由其弟李鲁苏承袭，唐朝承认其合法地位，并诏令其承袭李大酺的饶乐郡王、右金吾员外大将军、兼保塞军经略大使，允许李鲁苏仍以固安公主为妻（后与固安公主和离，再娶东光公主韦氏）。《新唐书》中记载，当时奚部落联盟的牙

官塞默羯曾阴谋叛乱，固安公主置酒诱杀之。由此可知，唐朝的和亲公主除了身负维系双方和平和友好关系的职责之外，还有留意部落联盟内部是否有反叛意图的任务。

前文提及开元二十二年（734年）前后，契丹发生可突于之变后，驻牧地点发生转移，侵占了奚族衙帐之地，而唐朝默许了这一事实，在原饶乐都督府故址重置了松漠都督府。迫于契丹的压力，奚族在唐朝的支持下向西南移动，奚王牙帐的驻牧地也随之转移。唐玄宗下令改饶乐都督府为奉诚都督府，意味着奚族的驻牧地以及饶乐都督府的地址此时都已发生了变化。

饶州故城址，唐初为饶乐都督府

中编　营州城旁走契丹——隋唐时期的契丹

067

开元十八年（730 年），可突于杀契丹大贺氏首领李邵固，并联合部分奚人叛唐降附突厥之际，李鲁苏与东光公主被迫逃奔榆关、平卢。开元二十年（732 年），奚族首领李诗锁高率五千余帐降唐。唐廷以其驻牧地为归义州，下诏册封李诗锁高为归义王，并授其兼特进、左羽林军大将军同正等职。仍充归义州都督，赐物十万段，移其部落于幽州界安置。《新唐书·奚传》中记载，李诗锁高死后，其子李延宠嗣立，不久与契丹又叛唐朝。后被幽州张守珪所困，延宠降唐后复拜为饶乐都督、怀信王，唐朝还以宗室女杨氏为宜芳公主以妻之。但不久后，李延宠又杀公主复叛。有鉴于此，唐朝册封另一部落首领娑固为昭信王，仍授饶乐都督。可知在此时期，唐朝再次恢复了饶乐都督府的建置。《新唐书·奚传》中称其地理方位为"其地东北接契丹……其国西抵大洛泊，距回纥牙帐三千里，多依土护真水。其马善登，其羊黑。盛夏必徙保冷陉山，山直妫州西北"。大洛泊，即今内蒙古自治区赤峰市克什克腾旗经棚镇以西的达里诺尔湖。冷陉山，即今松岭山脉，在今老哈河东。土护真水即今天的老哈河，老哈河自西南流向东北，可知奚族已经活动在老哈河的上游地区，饶乐都督府亦在这一区域。

和亲政策，不仅能够充当唐朝与契丹之间关系的调和剂，密切李唐皇室与契丹部落上层之间的关系，而且还发挥着维系民族情感、加速民族融合的作用。而且唐朝的公主下嫁必定会带着大量男女仆从、物资财富作为陪嫁，如《册府元龟》中记载，燕郡公主和东光公主出嫁，唐玄宗诏谕：奚有五部落，宜赐物三万段，先给征行游弈兵士及百姓，余一万段，与东光公主、饶乐王衙官刺史县令。契丹有八部落，宜赐物五万段。其中取四万段，先给征行游弈兵士及百姓，余一万段，与燕郡公主、松漠王衙官刺史县令。其物杂以绢布、务令均平，给讫奏闻。随公主下嫁的众多仆从中，一部分就在当地扎根，与契丹人通婚，成为中原先进技术和文化的传播者，加速了契丹诸部社会发展的历史进程。大贺氏联盟之际，契丹地区曾有"城池郡邑，冠盖相望"的景象。唐开元末年，由张九龄执笔的唐玄宗发给屈列可汗的敕书中也曾提及，契丹社会中已经出现了"百姓之间，不失耕种，丰草美水，畜牧随之"的农耕、游牧经济共同发展的现象。

四、习俗文化的交流互鉴

地近营州的契丹，自民族独立发展以来就一直受到深刻的汉化影响。8 世纪后，摆脱了突厥控制的契丹与唐朝保持长期的密切交往交流，其在政治、经济、文化等方面受到的影响更加深远。契丹民族结合自己的发展需求对中原制度文化的学习、借鉴尤为明显。如开元十三年（725 年），唐玄宗亲赴泰山封禅，作为从封者契丹首领赫然在列。亲身参与国朝大典的经历，对契丹部落联盟时代的礼仪建设有重要的影响。封禅时，帝王群臣登山之顶，积薪为坛，以玉册通意于天，燎祭上天。恢宏的仪式、庞大的场面，极具震撼性。这种祭祀形式与契丹的燔柴告天的传统祭祀暗合，而仪式行为源自上国，则更具神圣性、权威性。因此，阻午可汗时完善地以契丹部落联盟可汗身份昭告上天，宣布权力归属的合法性、合理性仪式，遂成定制。可见柴册仪式构建与唐代的封禅仪式之间有较深的渊源。

再如耶律阿保机取代遥辇氏成为契丹可汗之后，从国家制度建设的角度有意识地引入中原传统制度文化。为了摆脱契丹世选制度对皇权的影响，阿保机有设置惕隐、管理宗室的举措，同时将"受命于天"与"受命于祖"的政治理念与契丹传统信仰相结合，引进宗庙祭祀理念，塑造始祖形象，在木叶山立始祖庙。辽初的宗庙设置虽有明显按需营造的特征，但是其国家层面上的宗庙制度构建，体现着辽朝对中原制度的认同与借鉴。

马逐水草，人仰湩酪。习惯了草居野次的契丹人，在中原农耕文化的影响之下，在其故地也出现了农业因素。如前文提及的大贺氏时期契丹地区的"城池郡邑，冠盖相望"、开元末年契丹境内"百姓之间，不失耕种，丰草美水，畜牧随之"的景象。其后，唐玄宗在给李过折和涅礼的敕书中也再次提到，由于可突于背唐而重新引发双方之间的战争，致使契丹境内"羊马不保于孳生，田畴不安于耕种""丁壮不得耕耘，牛马不得生养"。种种迹象表明，唐朝时期契丹地区是存在着兼营农业的奚人和契丹人的。因此，契丹诸部对于农业乃至城市营建并不陌生。

宝山1号墓甬道拱门顶部
卷云火焰宝珠图案

北朝以来佛教发达，契丹地区也发现了时间较早的佛教遗存。如发现于内蒙古自治区赤峰市林东镇附近的辽代"真寂之寺"石窟，据有关学者研究认为，石窟开凿始于五代，其中的释迦牟尼涅槃群像、佛像、菩萨像后高大的背屏等都带有浓烈的唐代艺术风格，浮雕佛像"一铺九尊"的设置，也与隋唐以来佛教寺院的大雄宝殿一脉相

2 号墓石门门额莲花托火焰宝珠纹[1]

承，这些都鲜活地反映了隋唐文化对辽代佛教文化的影响。

此外，唐代文化对契丹文化的影响还反映在绘画方面。在发现于内蒙古自治区赤峰市阿鲁科尔沁旗的宝山辽墓（迄今为止发现明确纪年最早的辽代墓葬，1 号墓中发现天赞二年（923 年）的墨书题记）壁画中，就有大量图案和纹饰采用了继承自唐代的晕染法绘制技艺。其中在墓室内多处出现的卷云托火焰宝珠纹，无论从单个造型设计还是绘制的技法来看，都与唐及五代绘画装饰艺术有着密切的关联。尤其是 2 号墓石室门外侧门额上绘制的

1　巫鸿、李清泉：《宝山辽墓——材料与释读》，上海书画出版社，2013，第 166—188 页。

莲花托火焰宝珠纹，更是唐代敦煌壁画中常见的装饰纹样。

生活习俗方面，以契丹的丧葬习俗受中原文化影响最为明显。关于契丹的葬俗，最早见于《隋书·契丹传》："父母死而悲哭者，以为不壮，但以其尸置于山树之上，经三年之后，乃收其骨而焚之。"《旧唐书·契丹传》中记载："（契丹）其俗死者不得作冢墓，以马驾车送入大山，置之树上，亦无服纪。"这种简陋的"风葬"与"火葬"相结合的丧葬形式就是早期契丹的丧葬习俗。10世纪辽朝建立后，这一情况发生了改变，辽太祖死后就安置在规模较大的陵墓。随后，不同形制的墓葬在契丹大量出现。自辽朝初年开始，契丹上层贵族就在传统习俗的基础上融入了大量的汉唐礼俗，形成了一整套独特的丧葬礼仪，如下葬期间的上

辽墓壁画中的车（摹本）[1]

1　参见徐光冀、汤池、秦大树、郑岩：《中国出土壁画全集·内蒙古》，科学出版社，2012，第201页。

哀册仪式、实行丧服制度等。而且契丹族"子孙死，父母晨夕哭之；父母死，子孙不哭"的丧葬风俗也受到中原礼俗极大的影响，传统的儒家道德观念如忠孝、观念等也逐渐为契丹人接受。此外，死后归葬祖茔、夫妻合葬等葬俗也屡见不鲜。如耶律仁先死后"归葬于葛菱母山之臑原，从先茔，礼也"。1986年于内蒙古自治区通辽市发现的辽陈国公主墓，就是与驸马合葬。这种夫妻合葬的辽墓发现较多，可见合葬在契丹社会中已成为惯例。这些现象都反映了契丹族对中原传统文化的认可和接受。10世纪以后，越来越多的契丹人特别是契丹上层贵族有了固定的家族墓地。从侧面反映了有一部分契丹人逐渐改变了原来车马随行的游牧生活方式，转变为定居或半定居生活方式的现象。另外，受到中原葬俗的影响，契丹人的墓葬经历了一个由简到繁的过程，表现为从不作家墓到建筑规模较大的类屋式墓葬的转变。

同时，文化的传播从来不是单向的。契丹文化也随着朝贡、互市、和亲以及入唐番将等多种渠道和方式进入唐朝，唐朝皇帝更是以强大的政治、文化自信，以兼容并包的广阔胸襟接纳。例如：奚车，它本是契丹人塞外游牧迁徙所用之具，但是在开元、天宝年间逐渐传入唐朝境内，并在长安流行。《唐书》中记载，因京城中蕃将人数众多，且方便使用，奚车和兜笼（一种交通工具，流行前多为巴蜀妇人所用）已经十分风靡，甚至取代了传统中原样式的车舆。

此外，服装也是契丹文化影响中原的表现之一。自春秋时期赵武灵王"胡服骑射"后，北方少数民族与中原汉族之间服饰文化的交流就十分频繁。《旧唐书·舆服志》中记载，武德、贞观之时，宫人骑马者，依齐、隋旧制，多着羃䍠。虽发自戎夷，而全身障蔽，不欲途路窥之。这种起到障蔽容姿功能的羃䍦，本是少数民族服饰，北朝以来被中原所接受，唐朝时期更是风靡一时。《新唐书》中记载，唐初，妇人流行带羃䍦障蔽，到了永徽年间妇人开始使用帷帽，这是一种高顶宽檐笠帽，在帽檐一周带挂上薄而透的面纱，较之羃䍦更短，面纱长度仅到胸部，这种形制的帷帽在武则天时期之后更加盛行。命妇朝谒（一种礼仪制度）时，也乐于乘坐驼车，朝廷虽屡有禁令但流行热度丝毫不减。唐中宗后期社会风气更加开放，还出现了女子穿着奚、契丹样式的男装、穿着皮靴骑马的景象。

唐墓壁画中的胡服侍女形象[1]

---

[1] 参见徐光冀、汤池、秦大树、郑岩：《中国出土壁画全集·陕西》，科学出版社，2012，第248—316页。

乃至其后，北宋时中原地区妇人中还流行一种源自契丹的服装——钓墪（吊敦），时亦谓之"袜裤"。宋廷曾多次下诏禁绝，但是民间一直盛行不衰。甚至在公开场合，伎乐人员也可穿着钓墪表演。如《东京梦华录》中记载："女童皆妙龄翘楚，结束如男子，短顶头巾，各着杂色锦绣，捻金丝翻段窄袍，红绿吊敦束带。"[1]另外还有"毡笠"，《契丹国志》中记载："臣僚戴毡冠，金花为饰，或加珠玉翠毛，额后垂金花，上结紫带，末缀珠。"[2]这种流行于契丹的冠帽，因其防风、保暖等实用性，同样也深受中原地区民众的喜爱。即便宋朝明令禁止毡笠的传播，但也没有实现彻底禁止。宋人董煟在《救荒活民书》中记载，元祐三年（1088年）冬天频繁下雪，百姓苦多有冻死者，吕公著为相，赈济灾民，为毡笠棉衣以御寒。既然国家都选择用毡笠赈济，可见当时应用是非常广泛的。不仅如此，靖康之难徽、钦二宗被虏，在路上亦有"顶青毡笠乘马"的形象。

受中原文化及入番唐将的影响，契丹人也常冠汉姓、起汉名。这些尤以入唐蕃将后代居多，为唐朝的政权稳固作出了突出贡献。唐朝时期，皇帝以开放包容之姿招纳人才，打破族际界限，入唐蕃将中著名的契丹将领不胜枚举，如李楷固、骆务整、李光弼、李怀仙等。李楷固，本为契丹大贺氏部落联盟首领李尽忠的别帅。《朝野金载》中记载，李楷固技艺超群，能够将獐鹿狐兔走马遮截，放索勒之，百无一漏，且鞍马上弄弓矢矛矟如飞仙。万岁通天元年（696年），李尽忠掀起营州之乱后，李楷固等契丹将帅纷纷

1　（宋）孟元老，伊永文笺注：《东京梦华录笺注》卷7，中华书局，2006，第689页。

2　叶隆礼：《契丹国志》卷23《衣服制度》，上海古籍出版社，1985，第252页。

与唐军作战，后因兵败归降唐朝。当时，有司以谋逆叛乱之罪断以极法，但狄仁杰向武则天建议，以李楷固等有骁将之才，若恕其死，必能感恩效节为由，并奏请授其官爵，委以专征。圣历三年（700年），李楷固、骆务整奉命征讨契丹叛军余众，擒之，献俘于含枢殿。武则天特赐楷固武姓，及楷固等凯旋，又授楷固左玉钤卫大将军，赐爵燕国公；李光弼，营州柳城人，其父是李楷固。李光弼器识宏远，志怀沈毅，有文武之才，能蕴权谋而制敌，是中唐时期出色的将领、军事家，与郭子仪共同平息安史之乱。因其死后获赐谥号"武穆"，又称"李武穆"。

综上所述，以营州为交通枢纽的北方长城地带，自先秦时期就是东西南北多民族经济文化交融汇集之地。唐朝时期更是以恢宏的气度和开放包容之姿，极大地促进了北方地区各民族的交往交流交融。经过几个世纪胡风汉韵的交融浸染，北方地区的文化呈现出既包含中原文化又带有北方草原民族文化的多元融汇面貌。这种文化在10世纪后发展得越来越繁荣。在辽朝的继承与发展之下，胡汉交融的社会风貌使得长城南北地区真正融为一体，改变了中国北方社会的面貌，为中华民族多元一体格局的最终形成奠定了基础。

下编　回鹘衣装回鹘马
——唐朝时期的回鹘

回鹘（维吾尔文：Uyghur）是我国北方古老的民族之一，也是维吾尔族的祖先，唐朝中期以来活跃于蒙古草原，在与唐朝的不断交往互动中，为统一的多民族国家的形成、中华文化的繁荣发展作出了重要贡献。

"回鹘"在中国历史上曾有过多种名称，如：袁纥、韦纥、回纥、乌护、乌纥（意为同盟、互助、团结）。贞元四年（788年），在唐朝的允诺下改"回纥"为"回鹘"，意为"回旋轻捷如鹘"。之后史书大多的称谓是"回鹘"，一直沿用到宋代。蒙古帝国和元朝时期，译作畏兀儿、畏午儿、委兀儿、畏吾儿、畏兀、卫兀、伟吾尔等名称。

一、从羁縻怀柔到"以水洗血"

历史上，回鹘与唐朝的关系十分密切，它们之间的主流关系一直是友好交往，这不仅得益于唐朝较为开明的民族政策，也来自于双方渴望和平的心愿。

隋唐以来，中原王朝在与周边少数民族的交往中虽有冲突、战争，但总体趋势是和平发展的。各民族在交流交往交融中深化了对彼此的认识、了解，在此基础上进行文化互融形成了开放包容的中华文明。唐朝长时间采取开明的民族政策，与各少数民族和平共处，而回鹘也积极维护着这种友好关系。双方在政治、经济、文化等各方面广泛交往交流交融，百余年里双方很少兵戎相见，稳定了唐朝的北部边疆，加强了国家统一和民族团结，共同为中华民族的发展作出贡献。

唐朝应回鹘之请，在漠北设置州府进行管理。贞观二年（628年），唐太宗封东突厥夷男为真珠毗伽可汗，管理北方，夷男在郁督军山（今杭爱山）建立薛延陀汗国。后来，薛延陀攻打唐朝，被唐军击败。夷男死后，其子多弥可汗又大举入侵黄河河套以南地区，遭到唐军反击而战败。此时，回鹘可汗药罗葛·吐迷度率众部进攻薛延陀，擒杀多弥可汗。唐朝出动大军一举彻底瓦解了薛延陀汗国。回鹘占领了原薛延陀汗国的很多土地和部众，成为唐朝在北部边疆一支强大的力量，形成"北荒悉平"的局面。吐迷度一心与唐朝修好，派遣使者越过贺兰山向唐朝贡，唐太宗也表现最大的诚意，亲自到灵武接待了使者。回鹘使者请求唐廷在回鹘南部设置官员以管理北方。贞观二十一年（647年），唐太宗在回鹘的辖区设置了六府七州，分别为：以回鹘部为瀚海府、仆骨部为金微府、多览葛部为燕然府、拔野古部为幽陵府、同罗部为龟林府、思结部为卢山府；以浑部为皋兰州、斛薛部为高阙州、奚结部为鸡鹿州、阿跌部为鸡田州、契苾部为榆溪州、思结别部为蹛林州、白霫部为寘颜州。[1]唐朝在各府州分别设都督和刺史，

---

1 林幹、高自厚：《回纥史》，内蒙古人民出版社，1994，第14—15页。

均由铁勒各部的首领担任。封吐迷度为瀚海都督，封其他回鹘首领不同级别的官职。回鹘人可按照自己的习俗治理辖区，辖区内的百姓不需要像中原一样登记户籍向朝廷交纳赋税，甚至对居住在中原的回鹘人不征收赋税或只征收汉人的一半。随后，唐朝设置了燕然都护府，总管六府七州，使得漠北地区统归于唐朝的统治之下，并在很长一段时间内保持和平稳定。

受此影响，回鹘实行两套官制：一是沿袭东突厥的旧制。吐迷度于贞观二十年（646 年）自称可汗，属官号同突厥一致；二是自设立燕然都护府开始，采用中原王朝的官职、官衔。沿用突厥旧制的官职及权限范围从高到低为：可汗，最高统治者，采用世袭继承制，传统由幼子优先继承，但受中原王朝的影响有时由嫡长子继承，无子则由兄弟继承；可敦，可汗之妻，地位仅次于可汗，有一定发号施令的权利；叶护，除可汗、可敦之外官阶最高，一般由太子或可汗的近亲担任；设，较叶护低，掌兵权，分管诸部，一般由可汗之子担任。沿用中原王朝的官职及权限范围为：都督，源自唐朝任命回鹘首领为瀚海府都督开始总管瀚海府辖内各项事务；宰相，回鹘设内外宰相各三人，负责内务、出使等；将军，源自燕然都护府时期，为官衔非实职；达干，战时可领兵，非实职；梅录，为传令官；监使，为派驻属部的代表；啜，领兵作战，常由汉人担任；俟斤，为部落长官。由于回鹘常年被唐廷册封，受其影响，也沿用了唐朝的官职称谓，如前文所述的宰相、都督、将军等。

唐朝像历史上的很多王朝一样采取"羁縻"的方式来处理复杂的民族关系，尊重、保护少数民族的文化习俗，使得各少数民族心悦诚服地归附唐朝，遵守法令，永为藩屏。唐朝任用回鹘、契丹、奚等少数民族官员，对他们一视同仁，改变了当时很多人心中"贵中华，贱夷狄"的思想，对各民族国家认同的形成发挥了积极的作用。

大唐的朝堂上也出现了很多来自回鹘的著名入唐蕃将，如仆固怀恩、李茂勋、李可举等人。仆固怀恩是唐代著名将领，铁勒人，先祖在唐初时成为回鹘部落联盟的"外九部"之一。他的祖父被封为金徽都督，仆固怀恩因此世袭爵位，被史书评价为"善格斗，达诸蕃情，有统御才，委以心腹"[1]，受到西北将领王忠嗣的重用。安史之乱爆发后，仆固怀恩跟随郭子仪在河北一带平乱，屡立战功，被唐代宗封为平叛的主帅。仆固怀恩及其家族为平定叛乱作出了巨大的牺牲，他的兄弟死于战场，子侄也亡于阵前，在平定叛乱的过程中"十不存一"，纵然有幸存者，也是满身伤痕，可谓满门忠烈。叛乱平定后，仆固怀恩被封为开府仪同三司、尚书左仆射兼中书令等。唐廷没有因为他是回鹘人就将其边缘化，而是加以重用。实践证明，仆固怀恩不仅在平定安史之乱中战功赫赫，同时也在维系唐朝与回鹘友好关系方面发挥了重要作用，为唐朝的边境安宁作出了重要贡献。

李茂勋是回鹘阿布思后裔，张仲武破回鹘时，李茂勋率众降唐，张仲武将其收入军中。李茂勋作战以"勇"著称，善骑射，深受张仲武的器重，委以带兵权，在战斗中屡次立功，故赐予李姓及名。之后李茂勋占据幽州，成了唐朝的地方长官，他的部众也开始向唐朝军制转变。

除任用入唐的回鹘将领外，唐朝也对回鹘可汗进行册封，承认其合法性，这在回鹘也已经形成了一种传统，得到双方的认同。

1　《旧唐书》卷121《仆固怀恩传》，中华书局，1975，第3477页。

据林幹先生所著《回纥史》记载，从744年骨力裴罗可汗建立汗国至汗国灭亡的近一个世纪里，共传十三位可汗，受唐朝册封的有十位。唐王朝为中原正统，且国力强大，回鹘及周边很多少数民族都希望依附唐朝。回鹘可汗希望得到唐朝的认可，而认可的方式就是继位后受到皇帝的册封。

第一位被册封的回鹘可汗是骨力裴罗。天宝三年（744年），骨力裴罗继承汗位，自称骨咄禄·阙·毗伽可汗，唐玄宗册封他为怀仁可汗。骨力裴罗死后，其子磨延啜继承汗位，称葛勒可汗。因助唐平叛安史之乱有功，唐肃宗封他为英武威远毗伽可汗。册文详细陈述了"英武威远"的缘由："夫定祸乱者曰武，建功名者曰义，惟武与义，是为明德。回纥毗伽可汗，生而英姿，迈越前古，伐济威赫，主祀北天，与唐唇齿，累叶姻好。安禄山窃弄边兵，暴乱中夏，诱胁戎卒，毒蠱黎人。而可汗心怀感激，义动天地……一旬之内，雍、洛扫清。振古以来，义莫斯大……封崇徽号，敬册可汗为英武威远可汗……阴阳和而天地泰，四时和而万物阜。北土不靖，有唐封而固之，中原多难，可汗义而赴之。惠好和洽，与日月永。子孙百代，克享鸿休。钦哉！其无替朕命。"[1]从册文中可见，回鹘希望通过册封巩固自己在北方的地位，唐朝可以借助回鹘强大的军事实力维护边疆，双方通过册封体制形成了攻守同盟。

第三位被册封的可汗是顿莫贺。他继任汗位后积极与唐修好，通过"以水洗血"的方式化解了回鹘与唐朝的关系危机，唐廷封其为武义成功可汗。唐德宗对他大加褒誉，说他敦信明义，宏礼让之风。第四位是顿莫贺之子多逻斯。789年，顿莫贺卒，唐德

1　林幹、高自厚：《回纥史》，内蒙古人民出版社，1994，第38页。

宗为表哀悼废朝三日，诏三品以上官员至鸿胪寺进行吊唁。多逻斯继位后，唐德宗封其为忠贞可汗。第五位是多逻斯之子阿啜，自称汩咄禄·毗伽可汗，唐廷册封其为奉诚可汗。阿啜可汗无子，他死后，他的宰相骨咄禄因在部落中威望较高而被立为可汗，唐廷册封其为怀信可汗。阿啜可汗在位时比较软弱，致使北庭被吐蕃占领。骨咄禄可汗在位期间从吐蕃手中夺回北庭，为回鹘商人打通了受阻的丝绸之路。骨咄禄可汗死后，唐廷册封其嗣为腾里可汗。腾里可汗在位时间比较短，但他却带领回鹘打败吐蕃，巩固了回鹘的统治，并将势力范围扩展到了龟兹。腾里可汗死后，唐廷册封其嗣为保义可汗。保义可汗在位十四年，将回鹘治理得比较好，得到唐朝与回鹘人的认可。保义可汗死后，唐廷册封其嗣为崇德可汗。崇德可汗在位期间，回鹘的军事实力大大加强，进一步压制吐蕃，并向中亚地区扩张。崇德可汗死后，其弟继位，唐廷册封其为昭礼可汗。此时回鹘已走向衰落，权臣拥兵自重，相互厮杀。可汗无所作为，最终被部下杀死。昭礼可汗死后，其子胡特勤继位，唐廷册封其为彰信可汗，这也是唐朝册封的最后一任回鹘可汗。此时回鹘内部斗争十分激烈，宰相发动政变，彰信可汗自杀。不久后，黠戛斯汗国攻下回鹘牙帐。开成五年（840年），回鹘汗国解体。

唐朝册封回鹘可汗的名称里带有仁、义、礼、德、信、忠等字，足以体现出浓重的儒家思想。中原儒家文化影响深远，发展到唐代更加兴盛，融入人们生活的各个方面。在儒家文化熏陶之下发展的经济更加吸引周边民族的重视。贞观二十一年（647年），回鹘向唐提出开设回鹘道的建议，又称"参天可汗道"。自此以后，以儒家文化为核心的中原文化沿着这条通道向漠北传播，北方少数民族在吸纳中原先进文化并同本民族优秀文化的过程中不断壮大。贞元六年（790年），唐朝公主同回鹘可汗莫顿贺和亲时，可汗说："原来唐朝与回鹘联盟结为兄弟，如今结为姻亲，我是皇帝的女婿即是半个儿子，如若以后吐蕃出兵骚扰边境，莫顿贺定为父除之。"这是儒家孝、忠思想的一种体现，践行了封建"以孝事君则忠"的思想。

册封回鹘可汗是唐朝采取的民族政策之一。通过史料可知，回鹘是北方一个比较强大的少数民族政权，唐朝通过册封与之结成同盟，有助于唐朝的边境稳定。回鹘也希望通过得到唐朝的册封实现其统治地位的合法化。除此之外，唐朝与回鹘还通过贸易、和亲等方式来处理民族关系。唐朝希望通过采取积极的民族政策与回鹘友好相处，回鹘也希望依附于唐朝，尽可能化解民族矛盾，和睦相处。

在唐朝与回鹘的交往过程中，虽然有些回鹘部落意图进犯唐朝边境以获得利益，但事实证明只是妄图。绝大多数的回鹘可汗对唐朝都是友好的，希望归附唐朝以实现更大的发展，"以水洗血"事件就充分证明了这一点。

宝应元年（762年）唐肃宗驾崩后，唐代宗继位。此时安史之乱尚未平息，唐代宗忙于处理丧事及国家各方面问题，派使者去往回鹘，希望登里可汗能够出兵助剿史思明之子史朝义反叛余部。史朝义鼓动登里可汗借唐内乱之时进犯，他蛊惑称唐朝现在正值危难之际，国家无主，社会混乱，若此时出击，可收其府库"其富不赀"。于是，登里可汗集结十万兵众欲攻入唐朝境内。唐代宗派仆固怀恩等人去往回鹘劝说，最终登里可汗未进犯唐，且同意助唐攻剿史朝义。大历十四年（779年），唐代宗驾崩，唐德宗继位。作为属国，登里可汗不以礼接待报丧使者，也不为唐代宗进行祭祀仪式，反而在九姓胡的唆使下，再次要进犯唐朝境内。此举遭到了登里可汗的兄长顿莫贺的极力反对，他认为唐朝与回鹘素来友好，不可违背回鹘人民的意愿挑起事端，使两国陷入战争之中。登里可汗执意出兵，于是顿莫贺举兵杀死了登里可汗及其追随者，自立为可汗，并派使者向唐廷表示归附之心，称"愿为藩臣，垂发不剪，以待诏命"[1]。唐德宗对顿莫贺的行为大加赞赏，亲自接见使者，并派京兆尹源休为册命使，册封顿莫贺为武义成功可汗。源休还在路上时，振武军边防发生了突董等人被杀事件，使唐朝与回鹘的关系陷入困境。

安史之乱后，很多回鹘人凭借助唐平乱居住在京师，经常作乱。唐德宗即位后，命京师所有回鹘人回归故地，突董及其商队也不例外，即使突董是顿莫贺可汗的叔父。《册府元龟》中记载，突董带着商队归国，带的财物特别多，到达振武后，骄纵无节制，糟蹋庄稼，给当地人民造成极大的伤害。振武大将张光晟看不惯突董等人的傲慢，加之想将董突商队的财物据为己有，但此事关系唐朝与回鹘的关系，他不敢自作主张，于是上书皇帝："回纥非素强，助之者九姓胡尔。今其国乱，兵方相加，而虏力则往，财则合，无财与利，一乱不振。不以此时乘之，复归人与币，是谓借贼兵，资盗粮也。"[2]他三次上奏皇帝，都没有得到允许。于是张光晟命令手下故意制造事端，激怒突董，果然突董怒而鞭笞张光晟的部下，张光晟趁此机会将突董商队近千人屠杀。为掩盖罪责，张光晟向朝廷上报称回鹘人鞭笞大将，欲袭击振武，故

1　《资治通鉴》卷226《唐纪四十二》，中华书局，1976，第7282页。

2　《新唐书》卷214《回鹘上》，中华书局，1975，第6122页。

此先行将其斩杀。

消息传到回鹘后，回鹘人大为震惊。当册封使源休到达时，很多人主张杀掉源休为死去的突董报仇。顿莫贺可汗力排众议，对源休说："我国人欲杀汝，唯我不然。汝国已杀突董等，吾又杀汝，犹以血洗血，污亦甚尔。吾今以水洗血，不亦善乎。"[1]遂放源休归国。回鹘通过"以水洗血"的方式化解了回鹘与唐朝的关系危机，原因是多方面的，如长远经济利益的驱使、政治上长期联姻结好、顿莫贺可汗的远见卓识等。

总体来讲，唐朝对回鹘及其他少数民族采取较为开明的民族政策，回鹘等少数民族统治阶层也在为实现与唐修好进行着不同程度的努力。双方的共同努力有助于加强民族团结、促进经济发展，巩固军事联盟、增强文化认同。

二、遣使往来与联姻亲谊

唐朝边疆生活着数量众多的少数民族，如何处理与他们的关系，是唐朝统治者的一项重要工作。开明的民族政策使得唐朝与周边少数民族联系非常密切，和亲在历史上成为密切双方关系的重要途径。与其他时代的中原政权与周边少数民族的和亲不同，唐朝与回鹘之间的和亲采取"有娶有嫁"的模式，既有回鹘公主嫁到唐朝，又有唐朝公主嫁到回鹘，且出嫁的公主大多都是皇帝的亲生女儿，可见唐朝与回鹘和亲的特殊性与重要性。

当然，无论出于政治因素，还是经济、文化因素，双方的和亲对各民族交往交流交融都有着积极的影响，有力地推动了中华

---

1 《旧唐书》卷 127《源休传》，中华书局，1975，第 3575 页。

民族多元一体格局的形成。

《新唐书·回鹘传上》中记载："肃宗继位，使者来请助讨禄山，帝诏敦煌郡王承寀与约，而令仆固怀恩送王，因召其兵。可汗喜，以可敦妹为女，妻承寀，遣渠领来请和亲，帝欲固其心，即封虏女为毗伽公主。"唐代中期，社会矛盾尖锐，藩镇势力强大，统治阶层出现了政权斗争，导致了安史之乱的爆发。叛乱后不多久，两京沦陷，唐玄宗仓皇出逃，此时太子李亨临危受命，是为唐肃宗。唐肃宗认为解决危局的办法只有向外寻求援助，于是派敦煌王李承寀等人出使回鹘借兵平乱。恰逢回鹘葛勒可汗正有与唐结好之意，故将自己的妻妹（《旧唐书》中为女儿）嫁给李承寀为妻，并派兵助唐平定叛乱。唐肃宗为了感谢回鹘出兵援助，封葛勒可汗之妻妹（女儿）为毗伽公主，并册封其为李承寀的王妃。在回鹘助唐平乱之后，唐朝与回鹘相约永为兄弟之邦、舅甥之国，为以后双方的多数和亲打下了基础。

据《唐会要》记载："宁国公主，乾元元年七月十七日出降回纥英武威远毗伽可汗。置公主府。二年八月二十三日自蕃还。至贞元五年四月十二日议罢公主府，置邑司。"[1]安史之乱时，回鹘助唐平定叛乱，随即提出与唐和亲的请求。唐肃宗应允，封其幼女为宁国公主，嫁给葛勒可汗磨延啜。唐肃宗举行了场面宏大的送别仪式，并亲自护送宁国公主到咸阳，百姓也纷纷为公主送行。经过几个月的跋涉，宁国公主到达回鹘汗国，成为可敦（皇后）。《全唐文·宁国公主下降制》中记载了唐肃宗嫁女的原因："爰申降主之礼，用答勤王之志。且骨肉之爱，人情所钟，离远之怀，天属尤切。况将适异域，宁忘轸念。但上缘社稷，下为黎元，

1　《唐会要》卷 6，中华书局，1955，第 75 页。

遂抑深慈，为国大计……"但宁国公主嫁到回鹘后不久，葛勒可汗便去世。遵照回鹘习俗，公主矮面而哭。因无子，后回唐。

小宁国公主是荣王李婉之女。在中国古代，贵族女出嫁会跟随一名本家女子作为陪嫁，入夫家后成为丈夫的妾，这种制度被称为滕嫁制度。在宁国公主远嫁回鹘之时，唐肃宗念其远嫁，便以小宁国公主以滕的身份陪嫁到回鹘。在回鹘生活的三十多年间，小宁国公主经历坎坷，最终凭借自身努力得到回鹘人的尊敬，成为唐朝和回鹘友好关系的纽带。《全唐文》中记载："咨尔第某妹，云汉之姿，联华宸极；河洲之德，著美公宫；整玉笄于锦车，题银榜于蒙幕，善修嫔则，载叶蕃情，实资辅佐之功，广我怀柔之道。"贞元七年（791年），小宁国公主在回鹘去世，唐德宗为其三日不上朝，以表对小宁国公主的哀悼之情。

唐德宗即位后，回鹘登里可汗受人蛊惑，欲讨伐唐，但宰相顿莫贺极反对，无果后发动政变，杀登里，自立可汗，继续与唐朝保持友好关系，唐廷册封其为武义成功可汗（长寿天亲可汗）。顿莫贺派使臣请求和亲，唐德宗允诺将第八女咸安公主嫁往回鹘。贞元四年（788年），顿莫贺派宰相及其妹千余人迎娶咸安公主。唐德宗亲自接见了使臣，使臣呈上了回鹘可汗的书信，称唐与回鹘向来友好，前为兄弟，如今为子婿，如果日后吐蕃侵扰唐边境，回鹘当义不容辞除之。

就在咸安公主嫁往回鹘的两个月后，顿莫贺可汗去世。回鹘有收继婚的习俗，故按此习俗，她共计嫁给四位可汗为妻。《唐会要·回纥传》中记载，天亲可汗（即顿莫贺）死后，子忠贞可汗立；忠贞可汗卒，子奉诚可汗立；奉诚可汗卒，其相立，为怀信可汗。按照回鹘习俗，这些可汗相继以公主为妻。咸安公主在回鹘生活了二十一年，这些年中，回鹘四易可汗，公主均为可敦。元和三年（808年），咸安公主卒于回鹘，她也是第二个死在回鹘、葬在回鹘的唐朝公主，且为唐朝皇帝的亲生女（第一个为小宁国公主）。唐廷得知后，皇帝辍朝三日，发祭文哀悼："及礼从出降，义重和亲。承渥泽于三朝，播芳献于九姓。远修好信，既申洽比之姻，殊俗保和，实赖肃雍之德。方恁福履，以茂辉荣，宜降永年，遽归长夜。悲深讣告，宠极哀荣。爰命使臣，往申奠礼。故乡不返，乌孙之曲空传，归路虽遥，青冢之魂可复。远陈薄酹，庶鉴悲怀。"[1]

咸安公主卒于回鹘后，回鹘又多次向唐朝请求和亲。唐穆宗念回鹘对唐有军功，同意将自己的妹妹、宪宗的女儿嫁给回鹘保义可汗。《旧唐书·回纥传》中记载："回纥自咸安公主殁后，屡归款请继前好，久未之许，至元和末（820年），其请弥切。宪宗以北房有勋劳于王室，又西戎比岁为边患，遂许以妻之。"但还未来得及成婚，保义可汗就去世了，崇德可汗继位。按照回鹘的婚俗，太和公主嫁给了崇德可汗。长庆元年（821年），崇德可汗派人带聘礼入唐迎娶，唐穆宗很重视，亲选送亲的使者，协群臣亲自为公主送行。公主嫁入回鹘后，被册封为可敦。她在回鹘生活了二十多年，共做过四位可汗的可敦。在此期间回鹘经历了动荡，会昌三年（843年），太和公主回京。

有唐一代，在与回鹘的交往中，双方出现过摩擦，但总体趋势是和平、友好的，双方的和亲就可以略见一斑。究其原因，主要有以下几方面：

一是唐朝开明的民族政策。自唐太宗时起，唐朝就对周边少数民族采取和平团结的政策。《资治通鉴》中记载，唐太宗曾问

1　《全唐文》卷681《祭咸安公主文》，中华书局，1983，第6960—6961页。

群臣：自古以来的帝王能够平定中原，但为何不能让少数民族佩服？他比不过古人，但却能让少数民族归附，原因何在？大臣们均"歌功颂德，言不及意"。唐太宗说："自古皆贵中华，贱夷狄，朕独爱之如一，故其种落皆依朕如父母。"这说明唐太宗以平等之姿对待各民族，这是一种非常可贵的思想认识。在吸取因民族关系紧张而带来各种危害的教训的基础上，唐朝采取的怀柔、宽容、开明的民族政策，真正地赢得了周边少数民族的支持，使得唐朝与周边少数民族总体上关系融洽，在交往交流交融中为中华民族多元一体格局贡献力量。

二是兄弟之约，守望相助。唐朝与回鹘在历史上往来频繁。早在贞观年间回鹘就派使臣入唐"献方物"，推翻反唐的可汗，表示愿意归附，吐迷度可汗上书"世为唐臣"。在唐朝统治时期，在抵御外侮、征讨反叛、平息内乱中，回鹘的军事支持不可忽略，如破贺鲁、征高丽、杀默啜……特别是协助平定安史之乱。唐朝对回鹘心怀感激，双方结下"甥舅之好"。

三是回鹘为获取经济资源，屡次请求和亲。回鹘是一个游牧民族，这种生业方式就决定其对以农耕经济为主的中原具有很强的依赖性，特别是对日常生产生活用品的需求，如茶叶、农具等。若与唐和亲，回鹘能够更便于同中原开展互助贸易。

当然，除了以上几方面原因，还有唐朝在晚期逐渐没落，为稳固边疆、抵御吐蕃等其他民族侵扰边境，故而拉拢回鹘。而回鹘也希望借助唐朝的影响让自己更加强大。无论是出于什么目的，唐朝与回鹘和亲的影响已经超越了其主观动机，是不可忽视的。

第一，通过和亲增强了彼此之间的信任。唐朝与回鹘的联姻是在双方自愿的基础上进行的，虽然彼此都有各自的政治需求，但能够找到两者之间的最佳契合点。唐朝通过回鹘的力量限制其他意欲进犯边境的民族，回鹘通过与唐朝的联姻找到了一个比较强大的盟友，脱离突厥的控制，发展壮大自己。双方形成了比较牢固的联盟，在对第三方进犯时能够形成强大合力，共同抵御入侵。

第二，通过和亲促进了双方的经济交流。唐朝以农业经济为主，生产力水平相较回鹘高，且生产生活物资丰富；回鹘作为游牧民族，居无恒所，以畜牧业为生。双方的绢马贸易在和亲之后得到了迅速发展，唐朝仅凭中原培育的马种完全不能实现自给，回鹘马是其重要的战马来源，"市马益军"的作用可见一斑；对于回鹘而言，跟随和亲公主前去的大量优秀的工匠带去了先进的技术，为回鹘经济转型及社会面貌的改变起到了促进作用。回鹘人学会了建造城市，开始向定居的生活过渡，在当时出现了诸如"可汗城""公主城"等地方。

和亲公主对推动双方的贸易往来也作出了重要贡献。如咸安公主可以称为唐朝与回鹘贸易交往、经济交流的大使。白居易曾写道："咸安公主号可敦，远为可汗频奏论，元和二年下新，内出金帛酬马值。仍诏江淮马价缣，从此不令疏短织。合罗将军呼万岁，捧授金银与缣采。"这说明咸安公主协调双方在绢马贸易中出现的矛盾和问题，推动双方贸易正常开展。由于唐朝与回鹘常年通婚，使得双方长时间保持和平友好的关系。回鹘商人通过丝绸之路进行贸易，促进了回鹘商业的发展，改变了原来单一的经济模式。

第三，通过和亲促进了双方的文化融合。和亲公主嫁入回鹘，使回鹘的文化习俗发生了重大变化。回鹘也开始流行"粉黛纹绣之饰"，着唐服、习汉语、学汉俗。同时，回鹘的服饰、娱乐活动等也进入了中原，花蕊夫人的《宫词》写道："明朝腊日宫家出，随驾先须点内人。回鹘衣装回鹘马，就中偏称小腰身。"就充分体现出中原对回鹘文化的吸收。除和亲之外，中原与回鹘民间通婚现象也比较普遍，进一步推动了双方的文化、习俗的融合。

此外，唐朝与回鹘的和亲还有改善唐朝与其他周边民族关系的作用，如著名的长庆会盟。吐蕃是唐朝西南边境一个强大的少数民族，经常侵扰唐边境。唐朝与回鹘和亲之后，吐蕃感到不安，害怕回鹘与唐联合会对自己不利，频繁进行阻止，但未成功，于是主动向唐请盟。长庆元年，双方签订了长庆会盟，约定互不侵犯、各守其土。在后来很长一段时间里，双方友好往来，边境和平安稳。

三、绢马贸易与回鹘内迁

（一）绢马贸易

回鹘自崛起到没落，一直与唐朝保持着密切联系，不仅体现在政治上的朝贡、和亲、册封，军事上的结盟，还体现在经济上的贸易往来，特别是绢马贸易。

历史上，中原王朝与周边少数民族的贸易往来都是通过互市进行的，且不同朝代对互市有不同的称谓和管理机构，如关市、互市、交市监、互市监。开展互市贸易与中原王朝对待少数民族的政策密不可分，特别是唐朝对周边少数民族采取羁縻政策，为保证边境的安宁，安抚成为最主要的策略。唐廷认识到，由于生业方式的不同，导致回鹘在经济上对唐依附。回鹘是游牧民族，居无定所，经济产品单一且不耐储存，对中原的粮食、布匹、茶、丝织品等有着强烈的需求。与其让回鹘因生存所迫南下抢掠，不如以和平的贸易方式满足他们的需求，进而维护北部边疆的安宁。而且，中原因地理环境问题培育良马稀少，不能解决唐军所需战马量大的问题，而回鹘的畜牧业特别发达，马是其经济支柱。所以，双方的贸易往来势在必行。

在回鹘社会，马贯穿于回鹘人的军事、生活、迁徙等各方面。所以，回鹘人培育的马匹数量特别多。回鹘作为游牧民族，善于骑兵作战，其助唐平定安史之乱的五千名骑兵和一万匹战马起到了重要作用。唐朝在与回鹘进行马匹贸易时，少数是通过朝贡的方式实现的，绝大部分是通过互市贸易，即绢马贸易进行的。

回鹘向唐朝贡的物品中，马匹占绝大多数。包括在双方的和亲中，回鹘的主要聘礼也是马匹。《旧唐书》中记载：肃宗时回鹘可汗献马五百匹；代宗时"回鹘进马"；德宗时"纳聘马两千"；等等。[1] 可见，在唐与回鹘的关系中，马成为维系双方友好关系的纽带和桥梁，发挥着超越贸易之外的作用。

与唐需求回鹘马相对，回鹘对中原的绢需求量也很大，二者在互市贸易中被画上等号。

回鹘作为以游牧为主的民族，对绢的需求本应是有限的，但为何需求量如此之大呢？原因在于回鹘占据着重要的地理位置，处于中原与西方贸易的重要通道上，他们利用便利的地理条件，从中原获得大量丝织品从事中转贸易，将绢向西转运，以此获取大量的经济利益。特别是"回鹘道"开辟之后，回鹘将大量丝织品销往阿拉伯、罗马等地区，"回鹘道"和"绢"已经成为回鹘的重要经济来源。故此，唐朝与回鹘之间的绢马贸易是必然会发

---

1 《旧唐书》卷195《回纥传》，中华书局，1975，第5201—5208 页。

生的。

据史料记载，唐朝与回鹘的绢马贸易集中出现在中晚唐时期。因回鹘出兵助唐平定安史之乱有功，唐肃宗对此心怀感激，说："我国家出震乘乾……安禄山夷羯贱类，粗立边功，遂肆凶残，变起仓卒，而流毒四海，涂炭万灵……广平王叔受委元帅，能振天声；郭子仪决胜无前，克成大业。兼回纥叶护、云南子弟、诸蕃兵马，力战平凶，势若摧枯，易同破竹……是时河南、河东诸郡县皆平。"[1]这为回鹘与唐朝的贸易奠定了基础，甚至唐朝在绢马贸易中一直优待回鹘，这为回鹘的骄纵、提高马价埋下了种子。

回鹘依仗自己助唐的贡献及有利的地理位置，到唐朝后期实行"马贵绢贱"的策略，从中获得了很多利益，也给唐朝带来极大的财政压力。这时朝廷内部关于绢马贸易是否继续进行出现了不同的声音。不少大臣极力反对，认为从回鹘换回的马匹，因路途遥远经常出现渴死、累死的现象，白白耗费了大量的丝织品，如元稹的《阴山道》所言："年年买马阴山道，马死阴山帛空耗。"但也有人认为，唐朝与回鹘的绢马贸易具有政治、军事意义，还是有必要继续进行的。

绢马贸易体现了唐廷对回鹘的羁縻政策。唐朝分析了北部边疆的情况，除了回鹘外还有另一支强大的力量——吐蕃，如果回鹘与吐蕃联合起来，那将对唐朝边境形成威胁之势。所以，唐朝采取联合回鹘的策略，从而可以有效地牵制吐蕃。唐朝礼部尚书李绛有言："回鹘强盛，北边空虚，一为风尘，则弱卒非抗敌之夫……北狄贪没，唯利是视，比进马规直，再岁不至，岂厌缯帛利哉？殆欲风高马肥，而肆侵轶。故外攘内备，必烦朝廷……北

1　《旧唐书》卷10《肃宗本纪》，中华书局，1975，第248页。

狄西戎，素相攻讨，故边无虞。今回鹘不市马，若与吐蕃结约解仇，则将臣闭壁惮战，边人拱手受祸。"[1]可见，虽然绢马贸易在唐朝后期出现不平等的情况，但唐朝为了实现北部边境的安宁、维护双方的同盟关系，依旧维持着绢马贸易往来。

唐朝与回鹘绢马贸易的特点主要有以下几方面：

第一，集中出现在唐朝后期。唐朝地域辽阔，适宜的自然地理环境为养马业的发展创造了条件，于是在全国各地建立了多处牧场，设置了从中央到地方的完备的养马业管理机构，如太仆寺、驾部、监牧等。政府对民间养马用马有一定的限制，大马均用于军事，在民间是不可以随便骑乘的，所以百姓经常会养一些小马。在政府的倡导下，唐朝前期的官私养马业都得到了发展，且政府积极改良马的品种和质量，向周边少数民族学习养马技术，同时有周边少数民族朝贡进献的马匹，所以唐朝对马的需求不是很强烈。唐朝后期，安史之乱加之吐蕃入侵，导致唐军损失了大量战马，很多优良牧场被吐蕃所控制。唐朝付出了巨大的努力，但因畜牧业与农业之间的争地矛盾无法调节，故效果不大。平定叛乱需要大量战马，直接影响到军事上的局势。郭子仪曾对比过唐朝与吐蕃之间的兵马数量：进入中原的吐蕃将领，每人手下有上万士兵，每人乘四匹战马，而唐军兵不足吐蕃的四分之一，军马不足吐蕃的百分之二。从中可以看出，当时马匹缺乏，已经影响到了唐军的战斗力。除军事上缺少马匹之外，民间缺马现象也很严重，甚至出现了地方官员骑驴出门的情况。

此时，在经济利益的驱使下，回鹘特别愿意将马匹贩运到中原以换取在西方有着广阔市场的绢。唐朝与回鹘的绢马贸易迅速

---

1 《新唐书》卷217《回鹘上》，中华书局，1975，第6126—6127页。

发展发起来。

第二，绢马贸易频繁。据统计，从758年至840年，双方的绢马贸易就有20多次。唐朝与周边民族的互市原则上为每年一次，但很多时候回鹘每年不止一次入唐，要求进行贸易。[1]

第三，时间长、贸易额大。758年，回鹘向唐进献500匹马，开启了双方以"马"为主的贸易往来之路。直到840年回鹘政权瓦解，前后延续了80多年。见于记录的绢的交易数量为180多万匹，实际数量要远多于此数。

这种贸易往来对回鹘的政治、经济、文化产生了巨大的影响。通过绢马贸易，回鹘商人获得了巨大的经济利益，有些商人常年在长安经商，穿唐服、与汉家女子通婚，过上了定居的生活。为了维持回鹘从贸易中获得大量的经济利益，回鹘主动担任起保护商道的责任。安史之乱后，吐蕃入侵河西，改道北庭，阻断了原丝绸之路的路线，回鹘的经济受到很大的冲击。789年至792年，回鹘与吐蕃开启了数次战争，最终回鹘夺回了对北庭的控制权。虽然回鹘保护商道的目的是维护自身的利益，但客观上保护了草原丝绸之路，其所作的贡献是值得肯定的。

伴随着商贸的发展，回鹘人开始筑屋建城，初步发展了手工业，由游牧向半定居、定居过渡，出现了很多规模较大的城市，如：可敦城、公主城、富贵城。这些城仿照了中原的建筑模式，富丽堂皇，与唐朝宫殿相较也毫不逊色。在回鹘古城址中，还发现了唐朝的琉璃瓦和唐式雕塑。安史之乱后，回鹘控制了北庭以及其他一些城镇，这些城镇中有很多非常繁华，集市繁华，

1　杨富学、安语梵：《唐与回鹘绢马贸易实质解诂》，《石河子大学学报（哲学社会科学版）》，2020年第4期。

车马络绎不绝。

（二）回鹘内迁

唐朝时期，回鹘有几次规模较大的内迁。贞观二十年（646年），薛延陀汗国覆亡，漠北的铁勒诸部纷纷归附唐朝。贞观二十一年（647年），唐廷设置六府七州进行管理。回鹘与唐朝实现了多方面的交往交流交融。

唐高宗时期，突厥各部叛乱，在唐军的打击下，突厥余部逃往漠北，屡次攻掠回鹘诸部，扰乱碛北，严重破坏了漠北地区的和平安定，回鹘首次随安北都护府迁至漠南，驻居在居延绿洲南的同城镇（今内蒙古自治区阿拉善盟额济纳旗）。在此地游牧五六年后，回鹘又南迁至位于河西走廊的甘州、凉州一带，依旧以游牧为主，但人口有所增长。此时的回鹘加入了唐河西九军之一的赤水军，成为驻防河西的重要力量。回鹘骑兵精壮、战马优秀，加入此军极大提高了军队的战斗力，也加强了军中各民族之间的交往交流交融。后来，回鹘与河西节度使产生矛盾，撤回碛北。天宝初年（742年），回鹘与其他部族联合平叛突厥叛乱，唐廷允许回鹘南下驻居于突厥故地。

开元初年前后，突厥内部的矛盾又一次爆发，有的突厥部属降唐，有的与其他部族发生军事冲突，社会动荡不安。在混乱的局势中，包括回鹘在内的铁勒诸部乘机南迁，以求归附唐朝，这也是回鹘的第二次南迁。唐朝接受他们的归附，将回鹘部众安置到大武军北，大武军是唐朝在边疆设置的高级驻军，后更名为大同军，驻地在今山西省朔州市。唐朝为回鹘等部设置了督府，封部族首领为都督。

建中元年（780年），回鹘内部发生内讧，顿莫贺杀死牟羽可汗，自立为汗。之后的几十年里，这种"自相鱼肉"的内讧不断升级，回鹘内部潜伏着严重的危机。开成四年（839年），漠北草原上连年饥荒瘟疫，百姓和牛马死伤不计其数，而汗国内部相互厮杀，回鹘政权岌岌可危。开成五年（840年），回鹘被黠戛斯所灭，回鹘各部纷纷外迁，部分西迁，部分南迁。

此次的南迁是回鹘的第三次南迁，他们在唐朝边境，或骚扰边境、掠夺边民，或等待时机寻求依附。主要的两股力量：一个是嗢没斯部；另一个是乌介部。最先到达天德塞（今内蒙古自治区乌拉特前旗）的是嗢没斯，《资治通鉴》中记载，嗢没斯及其相赤心、仆固、特勒那颉啜，各率部众抵达天德塞下，请求内附于唐朝。此时，唐朝还不知回鹘内乱、汗国破灭的消息。面对如此众多的回鹘部众进军边塞，唐朝采取谨慎态度，一方面调兵增援边塞，另一方面遣使去往嗢没斯等部，探查回鹘南迁的真实意图。在乌介可汗遣使告难且称奉太和公主南投大国后，唐廷内部就应对回鹘问题进行了规模较大的讨论。天德军使田牟主张武力出击，迫使回鹘诸部返回漠北。宰相李德裕则认为回鹘今破败，各部落离散，无所归处，前来依附天子，无进犯之意，应予以安抚，赐予所需粮食，以此使其信服。两方争执不下，唐朝出于谨慎，未对回鹘采取实质性措施。此时外迁的回鹘内部发生分裂，嗢没斯杀死赤心和仆固，那颉啜率众东走后，唐朝接受了嗢没斯的归附，赐物于嗢没斯。不久后，嗢没斯率部来降，被唐廷授予左金吾大将军、怀化郡王，其属下分别受到了赏赐。会昌二年（842年）六月，嗢没斯入朝，唐朝将嗢没斯所带一部赐名为"归义军"，授嗢没斯检校工部尚书兼归义军使之职，赐名李思忠，封其宰相为归义军副使、检校右散骑常侍。唐朝又在太原、云州等地安置来降将士家口，每月给米三斗。还按照惯例赏赐归义军两口牙旗、豹尾两对，器仗并刀一副，将天德城作为其驻地。天德军肩负着唐朝北部边疆的防务，驻地天德城，位于唐朝与回鹘往来的重要通道上，且是回鹘南下的必经之路。但天德军的驻防力量有限，据唐朝宰相李德裕称，城内只有将士一千余人，能真正作战的不到一半，这样的军事力量是很难完成守护唐朝北部边疆的使命的。回鹘归义军建立后，驻地亦设在天德城，正好弥补了唐朝防守兵力的不足，对保护唐朝北部边疆的安宁起到了积极的作用。后来归义军又吸纳了党项、契苾、沙陀等部族，至被解散时人数已达到三千有余。

南迁回鹘那颉啜率部东走后，在唐朝边境屡次进行侵扰，唐朝出兵抵制，那颉啜兵败逃走，路遇乌介可汗，被乌介所杀。所以到大约会昌二年（842年）时，南迁回鹘中只剩乌介可汗一部。乌介可汗不听劝诫，屡次侵犯唐边境，并向唐要求粮食、牛羊以换取边境安宁，还要求唐廷交出投降的嗢没斯。唐朝同意了回鹘的粮食、牛羊要求，但拒绝交还嗢没斯。唐朝指出嗢没斯很早就投奔，并非乌介可汗的叛臣，若乌介可汗执意如此，将会猜忌无亲，致使骨肉相残，恐不能凝聚左右亲信之心。但乌介可汗仍在唐朝边境久滞不归，袭扰振武（今内蒙古自治区呼和浩特市和林格尔西北地区）。唐朝决定对乌介用兵，下诏选将集师，三路大军分别由刘沔、张仲武、李思忠（温没斯）率领，其中李思忠为河西党项都将、回鹘西南面招讨使。所以，归义军的主要任务就是助唐消灭乌介可汗。《新唐书·回鹘传》中记载，几路大军征讨乌介可汗，逐渐接近其牙帐，但因天气原因搁置，归义军李思忠率部下深入，唐朝命其余两路"一时进军"，声援李思忠。会昌三年（843年）大破回鹘于杀胡山（今内蒙古自治区呼和浩特一带），将太和公主迎回唐朝，乌介败走室韦。

乌介被打败后，南迁回鹘的三支主要力量只剩李思忠的归义军。唐朝对归义军采取了分流的政策，最终导致归义军的瓦解。归义军从建立到瓦解一共八个多月，虽然时间短暂，但也对唐朝北部边境的防御起到了积极的作用。同时，我们也应该看到，回鹘归义军是唐朝时期各民族融合的一个缩影：归义军在建军之初均为嗢没斯回鹘旧部，后在不断讨伐乌介的过程中，归义军不断融入了党项、契苾、退浑、沙陀等部，为各民族提供了交往交流交融的平台。归义军解体后，嗢没斯部的上层将领携家带口去往长安，与汉族长期杂居；归义军将士则被分流到其他军队，很多骑兵被唐朝边将收为部下，如幽州节度使张仲武部下的李茂勋、李可举父子就是回鹘旧将。这些少数民族将士与汉族士兵交错杂居、互相磨合，逐渐融为一体。

其实，先后南迁归附唐朝的回鹘部落不止嗢没斯部，《旧唐书·回纥传》中记载，会昌二年冬、三年春，回鹘特勤庞俱遮、阿敦宁二部，回鹘公主密羯可敦一部，外相诸洛固阿跌一部，牙帐大将曹磨你等七部，共三万余人相继归附唐朝。唐廷赐嗢没斯、阿历支、习勿啜三部李姓，名为思忠、思贞、思惠、思恩，故此嗢没斯汉名为李思忠。可见，南迁的回鹘诸部大部分都归附了唐朝。

关于回鹘西迁可以追溯到唐朝初年，铁勒十五部中，回鹘与契苾迁至河西地区。高宗初年，突厥叛乱，回鹘出兵助唐，后迁入甘州。至武则天时期，突厥在漠北欲重振政权，回鹘受到了很大打击，遂迁入甘州、凉州。开成年间，回鹘汗国瓦解，一部分回鹘人选择西迁，主要以"投安西"的一支回鹘部落为主。安西为原安西都护府，中心在今新疆维吾尔自治区库车市境内。回鹘迁入后，先是归附于当地的吐蕃人，吐蕃将回鹘分散安置。后又投奔唐朝，编入了归义军，但仍然保留自己独立的族帐。他们曾屡次遣使入唐请求册命，唐廷派使前往，但因回鹘与其他部族的战争而耽误。

综上，回鹘大规模迁徙的主要原因有三：一是天灾人祸，即外族侵袭、自然灾害等导致汗国灭亡；二是回鹘统治集团内部权力之争，导致离心倾向严重，内讧不断；三是唐朝较为开明的民族政策，接纳前来归附的回鹘及其他部族，设置州府安置，给予一定的自治权，并任用了一些回鹘将领。加之一直以来唐朝与回鹘保持长期的和亲、贸易往来，关系友好，当回鹘遭受重大打击后自然会去投奔唐朝。回鹘在迁徙过程中，不断与其他民族融合，并受中原文化影响逐渐汉化，改汉姓、穿汉服、行汉礼，在思想上促进了各民族的中华民族认同，有利于统一的多民族国家的发展。

四、习俗文化的交流互鉴

唐朝与回鹘在不断交往交流交融中，加强了文化的交流互鉴，给彼此带来了一定影响，这种影响多数反映在习俗文化和宗教信仰方面。

（一）宗教信仰

回鹘人的精神信仰经历了一个由自然崇拜、图腾崇拜、萨满教、摩尼教、佛教的过程。在原始阶段，受思维水平、生产力水平、科技水平的限制，人们对很多自然现象不理解，产生了因惧怕、恐惧而崇拜的现象。回鹘人早期也对日月星辰、山川河流、草木湖海等自然现象进行崇拜。早在高车时期，回鹘人的祭天仪式就非常盛大载歌载舞，杀牲聚会，众至数万。8世纪回鹘政权建立后，可汗的名号要加上"登里"等修饰语，以表示自己为"天"所立。《乌古斯可汗的传说》中记载，乌古斯可汗的儿子们以天、太阳、月亮、星星、海、山来命名，足以体现了回鹘人对自然的崇拜、对天的敬仰。

随着人们认识水平的提高，人们会以某种动物或植物作为自己的祖先或作为氏族的标志，这样就出现了图腾崇拜。图腾崇拜是自然崇拜的一种形式，将自然物更加具体化、形象化，并赋予强大的精神力量。回鹘人崇拜飞禽走兽，将狼作为自己的图腾和保护神。除狼之外，回鹘人也崇拜鹰，其氏族族徽多有体现。唐朝中期，回鹘国力强盛，上表唐廷，请求改"回纥"为"回鹘"，显然是崇拜鹘（鹰）所致。

后来，回鹘人信仰仪式性较强的萨满教。北方很多少数民族都曾信仰过萨满教。萨满占卜、驱鬼等活动在回鹘人中很流行。萨满巫师在回鹘社会的地位很高，甚至在军队都有随军出征的萨满巫师，专门负责预卜战争的胜负。巫师主要通过烧野兽的肩胛骨看其纹路来预示吉凶。回鹘人还认为巫师具有常人没有的特殊本领，如可以召唤风雪、雷电。史载回鹘在与吐蕃的一次战斗中，萨满巫师召唤风雪，吐蕃尽冻，弓箭不能发挥作用。

回鹘汗国中期，萨满教作为原始宗教不能与回鹘社会变迁与政权统一相适应。回鹘人开始信奉摩尼教，并将其定为回鹘的国教。摩尼教又称明教、摩教、牟尼教，由波斯人摩尼所创，7世

回鹘牙帐城遗址喀剌巴拉哈逊[1]

纪传入唐朝，763年又自唐朝传入回鹘。摩尼教是波斯的拜火教、佛教、基督教教义融合成的一种混合宗教，其教义体现了一种哲学对立思想，即摩尼教的立论为明、暗二元论，明、暗代表善、恶两性，善、恶是相互斗争的，贯穿于善、恶之间的是过去、现在和未来这"三际"。摩尼教与萨满教有一定的相似之处，宣称摩尼教僧能够呼风唤雨、驱魔捉鬼，这使得它能够在长期以萨满教作为精神信仰的回鹘人中广泛传播。

在摩尼教的传播中，牟羽可汗发挥了重要的作用。据《九姓回鹘可汗碑》记载，在牟羽可汗助唐平定安史之乱时，他在东都洛阳无意间接触到了四名摩尼僧人，听了他们讲经后，豁然开朗。

---

1 安语梵：《唐与回鹘绢马贸易及其实质》，西北民族大学硕士学位论文，2020，第3页。

102

牟羽可汗认为他们具有萨满巫师比不了的见识和涵养，故将他们带回漠北。自此，摩尼教开始在回鹘传播。传播过程中，萨满教受原始宗教的局限性很快被摩尼教取代，越来越多的回鹘人开始信奉摩尼教，加上原本就信奉摩尼教的粟特商人在牟羽可汗未带回摩尼僧人之前就在回鹘生活、经商，提供了一定的群众基础。763 年，牟羽可汗将摩尼教定为回鹘国教。

深究牟羽可汗的用意，原因有二：其一是加强政权统一，维护其统治。回鹘可汗的名称一般都与"天"有关，如牟羽可汗自称"登里可汗"。传统的萨满教崇拜多神，回鹘各部都有各自的图腾和崇拜对象，削弱了可汗的权力。而摩尼教的"一神论"将权力集中在可汗手中，以巩固其统治；其二是有利于商贸发展，在回鹘与唐朝的贸易关系中，以绢马贸易最为重要，回鹘从中获得了巨大的经济利益。而粟特人的经商策略尤为突出，成为协助回鹘经商的重要力量。粟特人中很多都信奉摩尼教，牟羽可汗希望通过摩尼教，利用粟特人将绢马贸易扩展到中亚地区，如此回鹘在东西贸易中成为重要的中转枢纽，控制商路获取更大的利益。

799 年，回鹘汗国发生政变，牟羽可汗毙命，摩尼教在回鹘开始走向衰落。840 年，回鹘汗国灭亡，回鹘人被迫西迁，一部分迁入今吐鲁番盆地建立了高昌回鹘，将摩尼教也带往此地。高昌当时主要信奉佛教，所以出现了摩尼教与佛教并行的局面。

综合史实，我们可以看出，摩尼教在回鹘的传播和发展始于牟羽可汗，也终于牟羽可汗。牟羽可汗将摩尼教僧从洛阳带到回鹘，经过一系列传播的发展，将摩尼教定为回鹘国教。政变后，牟羽可汗被杀，失去"教主"的摩尼教迅速走向衰落。摩尼教作为一种宗教，在回鹘的发展传播中具有很强的政治性；在回鹘西迁至高昌后，又与佛教融合。

摩尼教在传入回鹘之前，在唐朝境内的传播并不顺利。唐玄宗下令禁止摩尼教传播，对私自传播者处以严厉的刑罚。但自牟羽可汗出兵助唐平叛后，在其请求下，唐朝改变了对摩尼教的态度，允许教僧进入长安传教，并准许在很多城市建造寺院。如代宗时期在长安、洛阳建造的大云光明寺，成为摩尼教在唐朝传播的中心。唐廷之所以答应回鹘的请求，主要原因还是拉拢回鹘，借助其力量与吐蕃形成对峙局面，有助于唐朝边疆的维固与安宁。而回鹘则通过摩尼教让更多的粟特人和回鹘人入唐经商，以在经济上获得更大的利益。

回鹘在与唐朝的交往中，受唐影响，逐渐开始信奉佛教。佛教在中国的传播历史悠久，在传播过程中与中国传统的儒、道思想相结合，形成了具有本土特色的佛教。唐朝时期佛教兴盛，除唐高宗之外，唐朝皇帝对佛教多实行保护政策。受唐影响，当时周边少数民族也都不同程度地信奉到佛教，而回鹘在其中受佛教影响较深。840年，回鹘汗国灭亡，部分回鹘人迁至以高昌、北庭为中心的西域和以敦煌、张掖为中心的河西走廊，这些地区佛教寺院较多，此时的摩尼教受牟羽可汗亡故影响传播受阻，越来越多的回鹘人开始信奉佛教。

北庭故城边的佛寺遗迹¹

　　回鹘人到达高昌后，受当地人影响开始信奉佛教，具体表现为：一是用回鹘文翻译了大量佛经，如在敦煌莫高窟北区 B128 窟出土了回鹘文《华严经》残片，莫高窟北区 B125 窟出土了回鹘文《增一阿含经》残卷，第 54 窟、157 窟和 172 窟出土了《中阿含经》《长阿含经》和《俱舍论颂疏论本》残片；二是新建佛教寺院数量多。回鹘王室和贵族信奉佛教后，新修建了很多佛教寺院，或是将原来的摩尼教寺院改为佛教寺院。目前，高昌故城、北庭遗址等地都发现了佛教寺院建筑遗址。一些回鹘贵族为了能够修行成佛，纷纷捐资修寺院、造石窟和塑像；三是回鹘语言文字和艺术作品有诸多佛教痕迹。在回鹘的语言文字中出现了很多与佛教相关的词语，如反映佛教教义的词语、寺院佛像的词语、

1　参见杨圣敏：《回纥史》，广西师范大学出版社，2008，扉页。

佛事的词语。吐鲁番回鹘壁画也有很多直接取材于汉传佛教经典，艺术表现形式无不体现出中原文化的渲染。

回鹘文《中阿含经》残片

回鹘文《长阿含经》残片

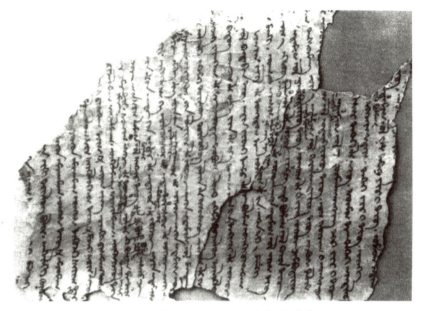

回鹘文《俱舍论颂疏论本》残片[1]

（二）习俗文化

回鹘与唐朝的政治、经济、文化等各方面的交往交流交融对双方的影响都是深刻的。文化的相互渗透，在各自文化系统中的社会生活、风俗习惯、思想观念等方面出现了不同程度的变迁，再一次体现了民族文化认同。

因牟羽可汗出兵助剿反叛有功，唐朝允许回鹘人进驻长安，甚至很多冒充回鹘人的粟特人也长期居住在长安城，与汉人长期交往。回鹘汗国灭亡后，回鹘南下、西迁，与汉文化的交往更加密切。从服饰上讲，"衣皮食肉"是对回鹘人饮食服饰的生动描写。之前，回鹘人中的君臣之别不是很明显，"辫发羊裘"，不

1　参见张铁山：《敦煌莫高窟北区出土三件回鹘文佛经残片研究》，《民族语文》2003 年第 6 期。

分男女，主要穿兽皮做的衣服。后来回鹘归附唐朝后，皇帝赐予回鹘上层唐朝的官服。如贞观二十一年（647年），回鹘来唐朝贡，唐太宗对所来者均按照唐朝的官阶等级赏赐了衣服。敦煌、新疆地区的很多壁画中都有回鹘人着汉装的形象。而随着定居长安的回鹘人越来越多，使京师盛行"胡风"。如天宝初年，中原的很多贵族、士人，甚至普通百姓都喜欢胡衣胡帽，头饰仿胡人，这成为当时最时髦的装束。花蕊夫人的"回鹘衣装回鹘马，就中偏称小腰身"，充分体现了中原人着回鹘装的形象。中原的妇女也学习回鹘女子将头梳成高髻，名为"回鹘髻"，再插上簪钗，成为当时流行的发式。

回鹘女子中也流行中原的妆容、饰品。《资治通鉴》中记载，最初回鹘人妆容朴素，后有功于唐，唐廷对其大加赏赐，特别是登里可汗，筑建宫殿，宫殿中女子有"粉黛文绣之饰"。可见，回鹘女子的审美发生了变化，开始学习中原汉族女子"粉黛装饰"。在回鹘上层贵族女子中流行起中原女子花钿、面靥的妆饰，如安西榆林窟第16窟曹议金夫人回鹘天公主像就是这样的妆容。回鹘冠饰的材质和纹饰，也深受中原文化的影响。回鹘初期主要以畜牧业为主，所以冠饰的材料也是与其生活方式息息相关的皮革、毛毡等。随着与中原交流频繁，特别是回鹘路开通后，丝绸、各种珠宝、金银等流入回鹘，成为贵族女子冠饰的主要材料，极尽奢华。从冠饰的纹样上看，出现了植物纹、动物纹、几何纹等多种文化的痕迹，其中就有源自中原文化的龙凤纹，如北庭高昌回鹘寺遗址S105殿的女供养人，就是头戴云纹、凤纹的形象。中原女子经常将头发梳成高髻，并将梳篦插在髻前起到装饰和固定的作用，这种美观、干练的形象深受中原女子喜爱，导致"插梳之风"

莫高窟第 409 窟女供养人 沙州回鹘 采自《敦煌莫高窟》第 5 卷[1]

流行。唐代诗人王建在《宫词》一诗中写道："玉蝉金雀三层插，翠髻高丛绿鬓虚。舞处春风吹落地，归来别赐一头梳。"元稹的《恨妆成》写道："满头行小梳，当面施圆靥。"《六年春遗怀》写道："玉梳钿朵香胶解，尽日风吹玑瑁筝。"花蕊夫人的《宫词》写道：

1　参见卢秀文：《敦煌妇女首饰步摇考》，《敦煌研究》2015 年第 2 期。

"罗衫玉带最风流，斜插银篦慢裹头。"罗隐的《白角篦》写道："白似琼瑶滑似苔，随梳伴镜拂尘埃。莫言此个尖头物，几度撩人恶发来。"以上诗句都体现了梳篦在唐朝的流行。回鹘女子也进行了效仿，在额上髻前插一梳篦，在新疆地区石窟遗址壁画上的女性供养人形象中，很多头上都插有梳篦。另外还有步摇，因女子戴上后走起路来摇动而得名。步摇最早出现于汉代，一直流传于后世。到唐代，步摇制作得更加精致，成为很多女子头上的重要饰品。唐代诗人白居易的《长恨歌》写道："云鬓花颜金步摇，芙蓉帐暖度春宵。"回鹘女子也效仿中原女子佩戴步摇，敦煌石窟壁画回鹘女供养人形象也有体现。如莫高窟409窟的回鹘女供养人，戴桃形凤冠，凤冠两侧为两层花钗，是用金银片组成的鱼形步摇。

另外，唐朝和回鹘的女性还有一个极其类似的妆容，回鹘女子有通过剃去部分头发修饰发际线来改变脸型的妆容，这与唐朝时期的"开额"非常相似。在一些唐代的艺术绘画中，经常可以看到一些去眉、开额的女性，她们将眉毛刮掉，将额顶、两鬓的头发进行适当剔除，然后在原来眉毛以上的位置画上浓浓的假眉，并在眉心贴花。唐文宗时期，曾经下诏禁止妇女高髻、险妆、去眉、开额、穿吴越高头草履，但这种妆容已经成为一种流行现象和流行审美的外在表现。不可能在短期内改变。

唐高宗时期，回鹘开始内迁，促进了中原汉族与回鹘的进一步交往交流交融。唐高宗初年，回鹘首领婆闰率兵助唐收复庭州后，其子独解支率众"自碛北移居甘州界"。武则天时期，因在漠北受到突厥打击，加上严重的自然灾害，大批回鹘人扶老携幼迁往河西地区。唐廷设置了瀚海、贺兰等府州进行安置。840年，回鹘汗国灭亡，一部分流亡的回鹘部落投奔唐高宗时期迁去的同族人，在河西地区继续发展。在河西地区，回鹘人常与汉族杂居，直接的语言接触，使得回鹘吸收了很多汉语的概念和名词，例如与日常生活相关的板凳、节气、田租；与宗教文化有关的布施、僧、三藏、箜篌；与权力称谓相关的夫子、都督、皇太后。至宋代，回鹘人在河西除了以甘州为中心外，还分布在凉州、沙州、贵州等地。

　　进入河西的回鹘人，虽然还保持着传统的游牧经济，但也吸收了中原先进的农耕文化。回鹘开始垦荒种田，过上了定居的生活。866年，高昌回鹘政权建立，位于今吐鲁番地区。这里土地辽阔，高原上的雪山保证了丰富的水源，为发展农业创造了天然的条件。当地汉族经营农业生产及其他相关手工业，受其影响，回鹘人逐步放弃了原来的游牧生活，开始转向农业为主、畜牧业为辅的经济模式。以这种经济模式为基础，吐鲁番逐渐出现很多城镇和农业中心。除了种植粮食外，回鹘人还种植经济作物，特别是大量种植葡萄，推动了当地酿酒业的发展。租佃关系，回鹘人之间也出现了中原地区的租佃关系，并建立书面契约，行文格式、内容结构同中原契约有着重要联系，内容涉及奴隶买卖、土地私有、借贷等方面。

　　饮食方面，回鹘汗国时期，漠北地区天然牧场自然条件优越，回鹘的畜牧业较为发达，而他们的饮食也直接取自于畜牧业，肉类、奶制品是其主要的食物来源。西迁后，为适应当地的生业方式，回鹘人开始发展农业，兼营畜牧业，饮食主要是粮食作物，辅以畜产品、水果；居住方面，回鹘在漠北受唐朝影响也修建宫殿城市，但只是一种"半定居"形式，流动性依旧较大。西迁后的回鹘人开始聚集在城市、村落居住；服饰方面，游牧时期的回鹘人穿着兽皮，无论男女均"辫发羊裘"。中唐时期受汉族服饰的影响，特别是商贸往来频繁后，回鹘人开始着丝绸、棉衣，但不是普遍现象。西迁后，高昌的貂、棉布十分很丰富，回鹘人改穿棉织、毛织、丝织服饰。回鹘可汗穿圆领红色窄袖长袍，系腰带，戴金冠，冠上的带子系于下颚。回鹘公主穿圆领窄袖长袍，外套广袖长衫，穿唐式云头鞋，都充分体现了回鹘与汉文化融合的服饰特点；婚俗方面，我们从其后裔裕固族的婚俗中可以窥见。按照裕固族的传统，在女方同意男方的求亲后，男方必须准备百余种彩礼，其中很多都反映了当时回鹘社会生活的必需品，如羊毛、驼绒、白面、大米、黄米、小米、茶叶、盐、瓜果、蔬菜等；文字方面，《九姓回鹘可汗碑》的发现，见证了回鹘人自己创制的文字——回鹘文。另外回鹘还通用粟特文、突厥文和汉文，如《磨延啜碑》《塞列维碑》都是用突厥文、汉文和粟特文写成的。将《九姓回鹘可汗碑》上的汉文同突厥文、粟特文对照，所用汉文并非简单地翻译，而是完全以汉文的语法和逻辑写成的作品，可见作者的文学素养和汉文水平之高。碑文上有这样一行：闻夫乾坤开辟，日月照临。受命之君，光宅天下，德化昭明，四方辐凑，刑罚峭峻，八表归仁。此句与唐朝宫廷文人的写作手法非常接近，文辞优美，造诣高深。后来回鹘文学受汉传佛教的影响较大，使用汉语进行写作。

曾经生活在漠北地区的民族，在唐朝的支持下于 744 年由首领骨力裴罗建立成强大的回鹘汗国。回鹘与唐朝的关系无论在汗国建立前还是覆灭后都十分密切。回鹘汗国建立前，回鹘就与唐朝结盟共同征讨突厥、吐蕃，维护国家的统一。安史之乱之后，回鹘又为平定叛乱作出重要的贡献。回鹘与唐朝长期通婚，进一步密切了双方的交往交流交融。唐朝实行较为开明的民族政策，秉承"天下一家"的理念，以文德诚信、羁縻怀柔的政策和态度对待回鹘，回鹘也多年接受唐廷的册封。二者在经济贸易方面往来频繁，"回鹘道"的开通，使回鹘成为丝绸之路的中转站，成为中西方政治、经济、文化交流的"桥梁"。回鹘也凭借回鹘道，实行"商贸兴国"策略，使其迅速成为漠北草原上的强大民族之一。在回鹘与唐朝的文化交流中，宗教文化交流占据重要地位。牟羽可汗从洛阳将摩尼教引入回鹘，并定为国教，加强了政治统治。回鹘汗国灭亡后，西迁高昌的回鹘人接受了汉传佛教。此外，双方在饮食、服饰、起居、文字等方面也相互传播、相互影响。综上，在回鹘与唐朝密切的交往交流交融中，中原文化与少数民族文化不断接触、碰撞、融合，最终为中华民族认同和中华文化的形成与发展贡献力量。

起自唐都长安直通大漠的"参天可汗道"，是漠北草原诸部同中原遣使朝贡和贸易往来的重要通道。从地理空间上看，"参天可汗道"勾连了中原与北方草原地区，打通了两地交往的渠道，密切了唐朝与北方少数民族政权之间的政治、经济、文化联系和交流融合。

在这条"参天可汗道"及其辐射的区域中，隋唐时期的突厥、契丹、回鹘等北方少数民族，长期与中原政权聘使、朝贡、互市、和亲。正因如此，北方草原诸部在各自发展中深受隋唐王朝及周边各少数民族文化的影响，从社会组织建设到生产生活模式，从精神信仰到风俗习惯，都进行了深度交融，形成了多元融汇的独特风貌，促进了以多元、开放、融通为特色的北方民族文化的形成。进一步说明了北方少数民族在推动中国历史发展进程、构建中华民族多元一体格局中发挥的重要作用。

后　记

　　本书是赤峰学院历史文化学院组织编写的"中国古代北方民族交往交流交融"系列丛书中的一本。赤峰学院吕富华教授、李月新教授、于晓娟副教授共同参与了本书的写作。其中：上编拂云堆下望长安——隋唐时期的突厥由吕富华教授执笔；中编营州城旁走契丹——隋唐时期的契丹由李月新教授执笔；下编回鹘衣装回鹘马——唐朝时期的回鹘由于晓娟副教授完成。三位老师长期从事北方民族历史与文化的研究工作，用功颇深，对于本书的写作倾注了大量心血，以隋唐时期突厥、契丹、回鹘的发展历史以及文化习俗变迁为线索，致力于用深入浅出的语言，生动形象地讲好各民族交往交流交融的故事。

　　本书的写作工作，得益于丛书编写组的大力支持，为了保证书籍的质量，特聘请专家进行专门指导，多次组织作者研讨，就作品的内容、风格、创作目的、体例等多方面进行细致、认真地钻研。在此，对于给予本书诸多指导和帮助的专家学者表示感谢！